Berlusconi an der Macht

Zeitgeschichte im Gespräch
Band 10

Herausgegeben vom
Institut für Zeitgeschichte

Redaktion:
Thomas Schlemmer und Hans Woller

Berlusconi an der Macht

Die Politik der italienischen Mitte-Rechts-
Regierungen in vergleichender Perspektive

Herausgegeben von
Gian Enrico Rusconi,
Thomas Schlemmer und Hans Woller

R. Oldenbourg Verlag München 2010

Bibliografische Information der Deutschen Nationalbibliothek
Die Deutsche Nationalbibliothek verzeichnet diese Publikation in der
Deutschen Nationalbibliografie; detaillierte bibliografische Daten sind
im Internet über <http://dnb.d-nb.de> abrufbar.

© 2010 Oldenbourg Wissenschaftsverlag GmbH, München
Rosenheimer Straße 145, D-81671 München
Internet: oldenbourg.de

Das Werk einschließlich aller Abbildungen ist urheberrechtlich geschützt.
Jede Verwertung außerhalb der Grenzen des Urheberrechtsgesetzes
ist ohne Zustimmung des Verlages unzulässig und strafbar. Dies gilt insbesondere für Vervielfältigungen, Übersetzungen, Mikroverfilmungen
und die Einspeicherung und Bearbeitung in elektronischen Systemen.

Gedruckt auf säurefreiem, alterungsbeständigem Papier
(chlorfrei gebleicht).

Umschlaggestaltung und Layoutkonzept:
Thomas Rein, München, und Daniel von Johnson, Hamburg
Satz: Dr. Rainer Ostermann, München
Druck und Bindung: Grafik+Druck GmbH, München

ISBN 978-3-486-59783-7

Inhalt

Vorbemerkung **7**

I. Der Protagonist
   Hans Woller
   Berlusconi – Unternehmer, Politiker, Selbstdarsteller. . . . **9**

II. Die große Bühne: Außen- und Europapolitik
   Paolo Pombeni
   Periphere Politik. Berlusconi und Europa.......... **25**
   Andrea Di Michele
   Berlusconi und Putin
   Motive einer Männerfreundschaft **39**

III. Reform und Stagnation: Arbeitsmarkt-
   und Sozialpolitik
   Chiara Saraceno
   Worte statt Taten
   Familienpolitik in Berlusconis Italien............. **51**
   Thomas Schlemmer
   Berlusconis Jobwunder? Arbeitsmarktpolitik
   zwischen pfadabhängiger Kontinuität und
   neoliberaler Reform........................ **63**
   Ugo Trivellato
   Arbeitsbeziehungen nach Gutsherrenart
   Flexibilisierung und Unsicherheit in der Ära
   Berlusconi................................ **83**

IV. Steine des Anstoßes: Innen- und Rechtspolitik
   Gregor Hoppe
   Institutionelle Selbstzerrüttung? Innen- und
   Rechtspolitik in der Ära Berlusconi **99**

Henning Klüver
Berlusconi und die Mafia. Materialien zu einer
Geschichte, die offen bleibt **109**
Amedeo Osti Guerrazzi
Politik der Angst. Die Regierung Berlusconi
und die Ausländer **125**
Aram Mattioli
Tabubruch und Kalkül. Berlusconis Geschichtspolitik
zwischen Apologie und Umdeutung **139**

V. Epilog
Gian Enrico Rusconi
Berlusconismus ohne Ende? Italien auf dem Weg
zu einer Verfassungsreform. **151**

Abkürzungen **162**

Autorinnen und Autoren **163**

Vorbemerkung

Trient, 28. September 2009: Vor dem Italienisch-Deutschen Historischen Institut der *Fondazione Bruno Kessler* in der Via Santa Croce hat sich eine Gruppe von Demonstranten versammelt, bewaffnet mit Fahnen ihrer Partei *Popolo della Libertà* sowie mit Flugblättern, auf denen sie die Verschwendung öffentlicher Mittel anprangern und gegen die Diffamierung ihres Vorsitzenden und Ministerpräsidenten Silvio Berlusconi protestieren. Dieser von giftigen Zeitungsartikeln begleitete Protest gilt nicht dem politischen Gegner, sondern einer Gruppe von Historikern, Politologen, Sozialwissenschaftlern und Journalisten aus Italien, Deutschland und anderen Ländern, denen man unterstellt, unter dem Deckmantel der Wissenschaft das Geschäft der Kommunisten zu besorgen und so dem Ansehen der Nation zu schaden. Im Konferenzsaal, der bis auf den letzten Platz gefüllt ist, herrscht Hochspannung. Würden auch hier die schrillen Töne der vergangenen Tage zu hören sein? Doch nichts dergleichen geschieht. Während drinnen die Eröffnungsworte gesprochen werden, rollen draußen die Demonstranten ihre Fahnen ein und gehen nach Hause.

Hätten die Anhänger Berlusconis mehr Geduld und Interesse gezeigt, so wären sie vermutlich überrascht gewesen, denn im Mittelpunkt der Vorträge stand nicht der *Cavaliere* mit seinen Affären und Skandalen, die ansonsten die Medien beherrschen – vor allem die deutschen, die es sich bisweilen sehr leicht machen –, sondern die Politik seiner Mitte-Rechts-Koalition, die nach ihrem Wahlsieg im April 2008 Italien nun schon zum dritten Mal regiert. Genauer gesagt ging es darum, nach Kontinuitäten und Diskontinuitäten zu fragen, die Entwicklung Italiens in den letzten zwei Jahrzehnten in den europäischen Kontext einzuordnen sowie Berlusconi als Politikertypus der unübersichtlichen, für Populismus anfälligen Demokratie unserer Tage genauer zu bestimmen. Im Einzelnen wurden – gleichsam als Einstieg in ein komplexes, eingehender Forschung noch harrendes Thema – vier Politikfelder auf den Prüfstand gestellt, die den Organisatoren besonders geeignet schienen, um das Regierungshandeln des *Centrodestra* zu charakterisieren: die Außen- und Europapolitik, die Arbeitsmarkt- und Sozialpolitik sowie die Innen- und Rechtspolitik, zu der auch der Umgang mit der neuesten Geschichte Italiens zwischen Faschismus und Demokratie gehört.

Die Ergebnisse der einzelnen Beiträge lassen sich dabei – grob gesprochen – in drei Thesen zusammenfassen: Die Mitte-Rechts-Koalition vollzog, erstens, keinen scharfen Bruch mit der Vergangenheit, sondern stand trotz deutlicher eigener Akzente – etwa auf dem Feld der inneren Sicherheit – stärker in der Kontinuität ihrer Vorgängerinnen als man dies auf den ersten Blick vermuten könnte. Die demokratischen Institutionen Italiens sind zwar, zweitens, stellenweise ramponiert, aber das Land ist weit davon entfernt, auf die schiefe Bahn des Autoritarismus zu geraten. Drittens geht Italien keinen Sonderweg – schon gar keinen, der sich auf Berlusconi zurückführen lässt. Das Land steht vielmehr vor vergleichbaren Herausforderungen wie viele Staaten der Europäischen Union und findet darauf ähnliche Antworten, denen die Geschichte sowie die Struktur von Staat, Wirtschaft und Gesellschaft freilich ein spezifisches Gepräge verleihen.

*

Die Tagung „Berlusconis Politik 1994 bis 2009", die am 28./29. September letzten Jahres in Trient stattfand, und der vorliegende Sammelband sind eine weitere Frucht der bewährten Zusammenarbeit zwischen dem Institut für Zeitgeschichte und dem Italienisch-Deutschen Historischen Institut. Die Herausgeber danken beiden Häusern für die finanzielle und organisatorische Unterstützung, und sie danken insbesondere den Kollegen in Trient für die gewährte Gastfreundschaft. Ihr Dank gilt ferner Patrick Bernhard, der sich auch diesmal wieder als zuverlässiger Übersetzer schwieriger Texte erwiesen hat, und den Kolleginnen und Kollegen im Institut für Zeitgeschichte, vor allem Renate Bihl und Julian Goerisch, für ihre umsichtige Hilfe bei der Drucklegung des Bandes. Auch auf Rainer Ostermann, der den Satz besorgte, war einmal mehr Verlass. Der größte Dank gebührt aber den Autorinnen und Autoren, die trotz ihrer vielfältigen anderen Verpflichtungen zuweilen sogar ein rascheres Tempo anschlugen als die Herausgeber und damit gezeigt haben, wie sehr ihnen das Thema am Herzen liegt.

München, im März 2010
Gian Enrico Rusconi, Thomas Schlemmer, Hans Woller

Hans Woller
Berlusconi – Unternehmer, Politiker, Selbstdarsteller

1. Ein irisierendes Bild

Italien befinde sich auf dem „Weg zu einem weichen Totalitarismus", überschrieb die „Süddeutsche Zeitung" am 7. April 2006 ein langes Interview mit Claudio Magris, dem Gelehrten und Schriftsteller aus Triest, der 2009 den Friedenspreis des Deutschen Buchhandels erhielt. Schlagzeilen dieser schrillen Art, die Assoziationen zu Mussolini wecken (und nichts anderes bezwecken), sind keine Seltenheit, sie bilden den *basso continuo* medialer Berichterstattung und wissenschaftlicher Analyse über Italien, wobei der Hauptverantwortliche dieser fatalen Entwicklung gleich mitgeliefert wird: Silvio Berlusconi, der zahlreichen Zeitgenossen dies- und jenseits des Brenners so viele nicht zu entwirrende Rätsel aufzugeben scheint, dass sie vor ihm kapitulieren, sich mit immer gleichen Stereotypen begnügen oder, schlimmer noch, alarmistische Deutungsangebote liefern, die in ihrer Pauschalität und Widersprüchlichkeit kaum zu überbieten sind[1].

Im Zentrum stehen dabei Berlusconis Skandale und sein egozentrischer, vielfach aber auch nur kalkulierter Infantilismus, während seine Politik und sein Regierungsstil entweder übergangen oder in das Schema meinungsstarker Simpelei gepresst werden. Berlusconi erscheint als allmächtiger Diktator, als perfider Manipulator, der sich seine Wähler in der Retorte des Fernsehens selbst schafft, ja sogar als eine Art teuflischer Hexer, der ganz Italien in seinen Bann geschlagen hat und in dem gleichgeschalteten Land tun und lassen kann, was er will. Man

---

[1] Zu Berlusconi vgl. Alexander Stille, Citizen Berlusconi, München 2006; Massimo Giannini, Lo Statista. Il Ventennio berlusconiano tra fascismo e populismo, Mailand 2008; Paul Ginsborg, Berlusconi. Politisches Modell der Zukunft oder italienischer Sonderweg?, Berlin 2005; David Lane, L'ombra del potere, Rom/Bari 2005; Gian Enrico Rusconi, Deutschland – Italien, Italien – Deutschland. Geschichte einer schwierigen Beziehung von Bismarck bis zu Berlusconi, Paderborn u.a. 2006, S. 330–340.

müsse schon bis nach Weißrussland gehen, „um eine ähnliche Macht des Regierungschefs über Volk und Parlament zu finden", heißt es in einer deutsch-italienischen Publikation[2].

Zugleich wird derselbe Berlusconi als schwacher Regierungschef, als ohnmächtiger Gefangener seiner Bündnispartner, als Pausenclown auf der internationalen Bühne und als konzeptionsloser Gaukler präsentiert, der nur um sein politisches Überleben und die Existenz seines Wirtschaftsimperiums kämpft[3]. Kein Wunder also, dass man in Deutschland und anderen europäischen Ländern nach dem immer gleichen Muster auf Meldungen aus Italien reagiert: Man staunt, schüttelt den Kopf und fühlt sich in seinen Vorurteilen über das Land bestätigt, das irgendwie doch ganz anders ist – unberechenbar und pubertär.

2. Eine Karriere im Zwielicht?

Wer ist dieser Mann? Wie gelang ihm der Aufstieg als Unternehmer und Politiker? Und vor allem: Was trieb ihn in den politischen „Ring"[4] und was ist von seiner Regierung zu halten? Wer Antworten auf diese Fragen sucht, hat es schwer. Berlusconi selbst trägt zur Aufklärung wenig bei. Er verhüllt seine Vergangenheit als Unternehmer mit makellosen Erfolgsgeschichten, und er vernebelt seine Gegenwart als Politiker mit stolz frisierten Bilanzen und großspurigen Inszenierungen, die den erfahrenen Werbetechnikern seines Großkonzerns alle Ehre machen. Dazu passt, dass die Privat- und Firmenarchive unzugänglich sind, und erschwerend kommt hinzu, dass auch staatliche Archive und die Archive der Parteien verschlossen bleiben. Die zeithistorische Forschung ist deshalb auf die Presse, auf gedruckte öffentliche Äußerungen, auf Memoiren und sonstiges Schriftgut meist amtlicher Provenienz angewiesen und stößt somit an der Nahtstelle von Vergangenheit und Gegenwart an ihre Grenzen. Berlusconi, das multiple Rätsel, bleibt bestehen – die Fragezeichen werden aber weniger.

---

[2] Udo Gümpel/Ferruccio Pinotti, Berlusconi Zampano. Die Karriere eines genialen Trickspielers, München 2006, S. 13.
[3] Vgl. Süddeutsche Zeitung vom 20.4 (S. 4) und 25.4.2005 (S. 4) sowie Frankfurter Allgemeine Zeitung vom 23.4. (S. 2) und 23.9. 2005 (S. 6).
[4] Zu Berlusconis Einstieg in die Politik vgl. Stille, Citizen Berlusconi, S. 143–167.

Herkunft und Jugend etwa lassen kaum noch Fragen offen: Berlusconi wurde 1936 in Mailand geboren, er entstammt einer gut bürgerlichen Familie – der Vater war leitender Bankangestellter, der zum Direktor aufstieg –, ging bei den Salesianern in die Schule und studierte dann in seiner Heimatstadt Jura – lange, aber mit sehr gutem Erfolg. Nach dem Studium konzentrierte er sich auf das Immobiliengeschäft, das im Boom des italienischen Wirtschaftswunders die lukrativsten Gewinnchancen bot, wenn man es klug anstellte und über das nötige Kleingeld verfügte. Berlusconi brachte diese Voraussetzungen mit – und einige andere obendrein: Er brannte vor Ehrgeiz, er war risikofreudig, und er hatte innovative Ideen, die ihn aus dem Kreis seiner Konkurrenten weit heraushoben. Woher das Kleingeld stammte und wie die Partner hießen, die ihm unter die Arme griffen und seinen phänomenalen Aufstieg ermöglichten, bleibt das Geheimnis Berlusconis und seiner engsten Vertrauten, die schon damals an seiner Seite waren und auch jetzt noch in seinem Imperium arbeiten. Klar ist nicht einmal, ob es sich wirklich um illegale Gelder aus dunklen Kanälen handelte, die Berlusconi in seine groß dimensionierten Wohnungsbauprojekte in Mailand steckte. Es gibt zwar zahlreiche Hinweise auf solche Praktiken: So heißt es beispielsweise, dass das katholische Opus Dei mit Berlusconi kooperierte, dass die rechtslastige Geheimloge P2 in seine Geschäfte verwickelt war und dass die Mafia ihr Geld bei Berlusconi waschen ließ – was selbst sein Koalitionspartner Umberto Bossi 1994 nicht eben indirekt bestätigte: Berlusconi sei ein „Mann der Mafia [...] ein Produkt der Ausbreitung der Cosa Nostra von Sizilien nach Mailand"[5]. Genaueres und juristisch Stichhaltiges ist bisher aber nicht ans Tageslicht gelangt.

Fragen dieser Art, die sich auf dubiose finanzielle Hintermänner beziehen, stellen sich auch mit Blick auf seinen Einstieg in das Fernseh- und Werbegeschäft, wo er – man muss es so sagen – Wirtschaftsgeschichte schrieb. Berlusconi erkannte damals als erster und einziger die Chancen, die sich aus der Entscheidung des Verfassungsgerichts von 1976 ergaben, neben der staatlichen RAI mit ihrem grauen Programmeinerlei private Fernsehsender auf lokaler und regionaler Ebene zuzulassen, ohne die Einzelheiten genau zu regeln. Er kaufte zahlreiche kleine Sender auf und ließ über ihre Stationen dieselben Pro-

---

[5] Zit. nach Gümpel/Pinotti, Berlusconi Zampano, S. 90.

gramme laufen, allerdings um einige Sekunden zeitversetzt, so dass er formalrechtlich nicht gegen das Urteil des obersten Gerichtshofes verstieß. Mit solchen Tricks, dem riskanten Erwerb finanzkräftiger Konkurrenten und einem Programmangebot, das fast ausschließlich auf seichte Unterhaltung und vulgären Spaß setzte, vermochte Berlusconi ein europaweit einzigartiges Fernsehimperium aufzubauen, dem heute mit *Canale 5*, *Rete 4* und *Italia 1* drei Sender angehören, die im ganzen Land zu empfangen sind und einen Zuschaueranteil von gut 40 Prozent haben[6].

Parallel dazu revolutionierte der „Napoleon" des europäischen Privatfernsehens[7] das Werbefernsehen, das vor seiner Zeit nur wenige Minuten am Tage umfasst hatte, äußerst kostspielig und nur einer Handvoll Firmen vorbehalten gewesen war. Berlusconi sprengte die Verkrustungen des staatlichen Fernsehens und öffnete den Fernsehwerbemarkt auch mittleren und kleineren Kunden, die bis dahin vergeblich um ein paar Werbesekunden gebettelt hatten. Damit schuf er die Basis für ein schnell wucherndes, schließlich kaum mehr überschaubares Firmenimperium, das aus einigen hundert Unternehmen in allen möglichen Branchen bestand; Fernsehsender waren ebenso dabei wie Baufirmen, Warenhäuser, Verlage, Kinoketten und Versicherungen. Am Vorabend seines Einstiegs in die Politik beschäftigten Berlusconis Firmen etwa 30 000 Menschen und erzielten einen Umsatz von 11,5 Milliarden Mark. Nur FIAT war größer als Fininvest, die Berlusconi zum reichsten Mann Italiens machte.

Berlusconi selbst erzählt die Geschichte seines Aufstiegs als reine Erfolgsgeschichte eines genialen *selfmade-man*. Er unterschlägt dabei aber gerne einige Einzelheiten, die mittlerweile als gesichert gelten können: Bei diesem Aufstieg kam viel fremdes Geld zum Einsatz. Außerdem schreckte er nie davor zurück, Steuern zu hinterziehen, Bilanzen zu fälschen, Finanzbeamte und Richter zu bestechen, wenn es die egoistische Ratio seines riesigen Konzerns gebot[8]. Schließlich konnte er

---

[6] Vgl. Hans Woller, Geschichte Italiens im 20. Jahrhundert, München 2010, S. 357f.; der vorliegende Essay orientiert sich in wesentlichen Punkten an dieser Gesamtdarstellung.
[7] So nannte ihn die „Weltwoche"; zit. nach Der Spiegel vom 14.3.1988, S. 201.
[8] Vgl. Jens Petersen, Quo vadis, Italia? Ein Staat in der Krise, München 1995, S. 180; Nicola Tranfaglia, La transizione italiana. Storia di un decennio, Mailand 2003, S. 46f.

er sich spätestens seit Ende der 1970er Jahre auf die Protektion der Regierung verlassen, wobei hier sein enger Freund, der sozialistische Ministerpräsident Bettino Craxi, eine besondere und besonders unrühmliche Rolle spielte[9]. Craxi verschaffte ihm billige Kredite, als es Konkurrenten auf dem privaten Fernsehmarkt auszustechen galt. Er leistete gute Dienste bei Berlusconis Versuch, im französischen und spanischen Fernsehgeschäft Fuß zu fassen. Vor allem aber paukte ihn der Regierungschef heraus, als Gerichte 1984 seine Sender in drei Regionen ausschalten ließen, weil sie – das entdeckte man erst jetzt! – das Verbot ignoriert hatten, landesweite Sendungen auszustrahlen. Craxi erließ daraufhin eilends eine Notverordnung, so dass Berlusconi wieder senden konnte, und er widersetzte sich auch danach der Verabschiedung eines Mediengesetzes, das dem Geist des Verfassungsgerichtsurteils von 1976 entsprochen hätte. 20 Millionen Mark soll der Regierungschef für seine Bemühungen eingestrichen haben[10], ganz abgesehen davon, dass er im Medienreich Berlusconis praktisch dauernd auf Sendung war und so die Möglichkeit hatte, seine Politik unters Volk zu bringen. Berlusconis Karriere ist nicht denkbar ohne staatliche Beihilfe, und sie ist nicht denkbar ohne seine fast symbiotische Affinität zu Craxi, der ihm sogar als Trauzeuge diente und die Patenschaft für eines seiner Kinder übernahm. Der sozialistische Freund stützte und schützte Berlusconis Privatfernsehmonopol, ehe er schließlich Anfang der 1990er Jahre im Sumpf beispielloser Korruption ebenso unterging wie seine Partei.

3. Der Sprung in die Politik

Bis dahin war Berlusconi der Prototyp eines Großunternehmers, der im Schutz des Staates sehr gut fuhr und deshalb nicht daran dachte, selbst in die Politik zu gehen. Anfang der 1990er Jahre musste er sich eines Besseren besinnen. Nach dem Fall der Mauer in Berlin und Craxis Sturz in Rom mündete die lange schwelende Korruptionskrise in eine umfassende Wirtschafts- und Gesellschaftskrise, in der auch das alte Parteiensystem zerbrach[11]. Die kommunistische Partei verlor ihre ideologi-

---

[9] Zu Craxi vgl. Massimo Pini, Craxi. Una vita, un'era politica, Mailand 2006; Luigi Musella, Craxi, Rom 2007.
[10] Vgl. Christian Jansen, Italien seit 1945, Göttingen 2007, S. 192.
[11] Vgl. Woller, Geschichte Italiens im 20. Jahrhundert, S. 364–398, und Luigi Vittorio Graf Ferraris/Günter Trautmann/Hartmut Ullrich (Hrsg.),

sche Referenzgröße in Moskau, gab sich einen neuen unverdächtigen Namen und zerfiel in zwei, später in drei Teile. Die Sozialisten, die Republikaner, die Liberalen und die Sozialdemokraten sahen sich mit haarsträubenden Bestechungsvorwürfen konfrontiert und schnurrten zu fast unkenntlichen Zwergparteien zusammen. Die Christdemokraten, die lange von ihrer Gegnerschaft zu den Kommunisten gelebt hatten, standen nach 1989/90 plötzlich ohne Rivalen da und mussten sich der Frage nach ihrer politischen Identität stellen, auf die sie keine einheitliche Antwort fanden. Die *Democrazia Cristiana* fiel deshalb ebenso auseinander wie ihr kommunistisches Pendant, während gleichzeitig die *Lega Nord* von Umberto Bossi[12] und die aus dem neofaschistischen *Movimento Sociale Italiano* hervorgegangene *Alleanza Nazionale* von Gianfranco Fini[13] Aufwind verspürten und erste größere Wahlsiege feierten.

Dass Berlusconi damit seinen politischen Flankenschutz verlor und nun aus eigener Kraft zurecht kommen musste, war es aber nicht allein. Hinzu kam (und auch hier sieht man jetzt klarer), dass seine Fininvest in bedrohlichen wirtschaftlichen Schwierigkeiten steckte und dass Berlusconi Hausbesuche von neugierigen Staatsanwälten bekam, die seine angebliche Mafia-Vergangenheit und seine illegalen Geschäftspraktiken unter die Lupe nahmen. Vor allem aber schreckte ihn die Vorstellung, dass die politische Linke an die Regierung kommen und sein Fernsehmonopol zerschlagen würde. Letztlich sprach in den Augen Berlusconis alles dafür, die Dinge selbst in die Hand zu nehmen und in den „Ring" zu steigen, wie er bei der Verkündigung seiner Kandidatur sagte[14]: Die politische Mitte war

---

Italien auf dem Weg zur „zweiten Republik"? Die politische Entwicklung Italiens seit 1992, Frankfurt a.M. 1995.

[12] Vgl. Francesco Jori, Dalla Łiga alla Lega. Storia, movimenti, protagonisti, Venedig 2009; Richard Britting, Die Lega Nord, in: Ferraris/Trautmann/Ullrich (Hrsg.), Italien, S. 203–218; Giampiero Rossi/Simone Spina, Lo spaccone. L'incredibile storia di Umberto Bossi, il padrone della Lega, Rom 2004.

[13] Vgl. Marcus Waldmann, Das Parteiensystem Italiens. Vom Untergang der Democrazia Cristiana zur zweiten Regierung Berlusconis, Berlin 2004; Roland Höhne, Der Sieg der Demokratie. Die Transformation der neofaschistischen italienischen Sozialbewegung MSI in die rechtsnationale Alleanza Nazionale, in: Jahrbuch Extremismus & Demokratie 19 (2008), S. 89–114; Stefano Fella, From Fiuggi to the Farnesina: Gianfranco Fini's Remarkable Journey, in: Journal of Contemporary European Studies 14 (2006), S. 11–23.

[14] Vgl. Stille, Citizen Berlusconi, S. 143.

verwaist, die Konkurrenz hatte weder programmatisch noch personell viel zu bieten, und die Sehnsucht nach einem Wechsel war riesengroß. Das Land lechzte förmlich nach neuen Gesichtern, ja, nach einer charismatischen Führungsfigur, die einen Strich unter die Krisen der letzten Jahre zog und wieder Zuversicht verbreitete. Drei von vier Italienern träumten damals von einem „starken Mann"[15].

Berlusconi überzeugte sich schließlich selbst davon, dass er der Messias der verwaisten Mitte war, auf den das verzagte Land wartete. Er musste sich opfern und in die Politik gehen. Dazu brauchte er eine eigene Organisation, wobei ihm allerdings keine gewöhnliche Partei vorschwebte. Er wollte ein Netz von Stützpunkten schaffen, die nur einem Zweck dienen sollten: seine Botschaft zu verbreiten. *Forza Italia*[16] nannte er diese ganz auf ihn zugeschnittene Organisation, die im November 1993 aus der Taufe gehoben wurde und schon durch die Übernahme des Schlachtrufs der italienischen Fußballfans signalisierte, dass sie sich nicht mit irgendwelchen programmatischen Fragen oder Partikularinteressen abgeben wollte, sondern aufs große Ganze zielte.

Der Aufbau der Stützpunkte war das Werk eines eigens dafür gebildeten Teams von Fininvest-Managern[17], die allerdings keine große Mühe hatten, Aktivisten für die neue Bewegung zu finden. Vor allem viele jüngere Italiener warteten schon seit längerem darauf, dass ein Mann wie Berlusconi die Initiative ergriff und sie zu den Fahnen einer neuen Sammlungsbewegung rief, die frischen Wind in die Politik zu bringen versprach. Dass die in zahlreichen Groß- und Kleinstudien untersuchte *Forza Italia* ganz auf ihn fixiert war und innerparteiliche Demokratie als Fremdwort empfand, störte nur die wenigsten. Binnen einiger Wochen war die *Forza Italia* überall präsent und als Favorit in den Wahlen vom März 1994 in aller Munde. Den Ton gaben Berlusconis Fernsehsender, seine Zeitungen und Zeitschriften vor, die vor seinem Aufbruch in die Politik auf

---

[15] Zit. nach Paul Ginsborg, L'Italia del tempo presente. Famiglia, società civile, Stato 1980–1996, Turin 1998, S. 550.

[16] Vgl. Emanuela Poli, Forza Italia. Struttura, leadership e radicamento territoriale, Bologna 2001; Damian Grasmück, Die *Forza Italia* Silvio Berlusconis. Geburt, Entwicklung, Regierungstätigkeit und Strukturen einer charismatischen Partei, Frankfurt a.M. 2005.

[17] Vgl. Ginsborg, Berlusconi, S. 60; Elisabeth Fix, Italiens Parteiensystem im Wandel. Von der Ersten zur Zweiten Republik, Frankfurt a.M./New York 1999, S. 212.

Linie gebracht worden waren. Wie auf Knopfdruck starteten sie nun eine fein abgestimmte, hoch professionelle Werbekampagne, die mit ihren Slogans und Emblemen genau auf die Erwartungen des Publikums zugeschnitten war, die man zuvor nach allen Regeln der Markt- und Meinungsforschung ermittelt hatte[18].

Im Zentrum der Werbekampagne stand natürlich er, der Meister selbst. Berlusconi gab sich als Mann aus dem Volke, der es mit seiner Hände Arbeit zu Reichtum gebracht hatte. Er präsentierte sich als erfolgreicher Unternehmer, der nur so strotzte vor Energie und neuen Ideen. Er mimte den Saubermann, dem Recht und Gesetz ebenso heilig waren wie Anstand und Moral, und er inszenierte sich als über den Parteien stehender Zauberer, der den Staat auf die gleiche Höhe zu führen versprach wie sein Unternehmen. Man müsse ihn nur machen lassen, dann werde es – fast wie von selbst – zu einem neuen Wirtschaftswunder kommen. Nur die alten Kommunisten und die von ihnen geführten Gewerkschaften mit ihren hohen Lohn- und ausufernden Sozialforderungen konnten den Wiederaufstieg stören. Überhaupt die seit fünf Jahren offiziell für tot erklärten Kommunisten! Berlusconi zerrte sie aus der Vergangenheit hervor, hauchte ihnen neues Leben ein und fiel mit schneidender Inbrunst über sie her. Die Kommunisten waren das probate Feindbild, an dem er seine Partei aufrichten konnte, wenn es sonst nicht mehr viel zu sagen gab.

Seine eigene Geschichte behandelte er hingegen wie ein großes Tabu. Fragen, die sich auf die Mafia, die Korruptionsskandale seiner Mitarbeiter, seine Mitgliedschaft in der Loge P2 oder auf seine Freundschaft mit dem noch Tunesien geflohenen Craxi richteten, ignorierte er. Auch über die Interessenkonflikte, die sich aus der Monopolstellung seiner Fernsehsender und einer führenden Rolle in der Politik ergeben konnten, ging er so kaltschnäuzig wie souverän hinweg. Solche Probleme existierten für ihn nicht, seine Widersacher machten es ihm aber auch sehr leicht. Sie ersparten ihm den Vorwurf zwar nicht, einer der Hauptnutznießer des alten Systems gewesen zu sein, das er nun geißelte, und sie erwähnten auch die Wettbewerbsvorteile, die aus seiner Mediendominanz resultierten. Das alles geschah aber mit der gleichen fast beiläufigen Negligenz, mit der die Linke auf seine Wahlversprechen reagierte, die alles

---

[18] Vgl. Der Spiegel vom 4. 4. 1994, S. 147.

übertrafen, was den italienischen Wählern bis dahin offeriert worden war: eine Million neue Arbeitsplätze, drastische Steuersenkungen und Erhöhungen der Renten ohne Einschnitte in das soziale Netz[19].

Letztlich kam es im Umbruch der frühen 1990er Jahre auf Versprechen der genannten Art aber gar nicht an. Entscheidend waren die Hoffnungen und Illusionen, die das Neue und der Neue weckten – und darin war Berlusconi seinen Konkurrenten haushoch überlegen. Bei ihm konnte im Grunde der gesamte Verdruss deponiert werden, der aus den Funktionsschwächen des Staates in der Dauerkrise resultierte: die Unzufriedenheit der Gewerbetreibenden mit dem Steuern verschlingenden Staat, die Angst vor einem Abbau des Sozialstaats, die Unsicherheiten in einer globalisierten Welt, die Verzweiflung über die Defizite des Bildungs- und Gesundheitssystems. Berlusconi, der den Aufstand gegen den defizitären Staat proklamierte und ihn anzuführen versprach, hatte genauso wenig ein Rezept zur Behebung dieser und ähnlicher Probleme wie seine Widersacher. Er verfügte aber über den Nimbus des Erfolgs und ein strahlendes Image. Die alten Parteien hingegen hatten wenig Überzeugendes zu bieten, wenn sie gefragt wurden, ob sie mehr zur Krisenbewältigung qualifiziere als die Tatsache, dass sie die Hauptschuldigen an der Misere waren.

Hinzu kam, dass Berlusconi sich als skrupelloser Taktiker erwies, der genau erkannte, dass man mit dem neuen modifizierten Mehrheitswahlrecht am besten fuhr, wenn man breite Bündnisse schloss. Im Grunde kamen dafür nur einige christdemokratische Splittergruppen, vor allem aber die *Lega Nord* und die Neofaschisten in Frage, zwischen denen es aber erhebliche politische Differenzen gab. Berlusconi störte sich daran nicht, und ihn kümmerte auch nicht, dass in der *Lega* ein latenter Rassismus vagabundierte und dass man dort über eine Auflösung der Nation nachdachte. Nicht einmal der dunkle Schatten des Faschismus, der noch immer über der *Alleanza Nazionale* lag, bereitete ihm Kopfzerbrechen.

Für Berlusconi zählte nur eines: den Sieg in den Wahlen vom März 1994 zu erringen. „Es gibt viele Vernunftehen, die besser funktionieren als Liebesheiraten."[20] So beschied er Kri-

---

[19] Vgl. Stille, Citizen Berlusconi, S. 152f.
[20] Zit. nach Stille, Citizen Berlusconi, S. 149.

tiker, die sich darüber mokierten, dass es sich bei dem Bündnis zwischen *Forza Italia*, *Lega Nord* und den Neofaschisten um eine reichlich gewagte Dreierbeziehung handelte, die nichts als der Drang zur Macht verband.

4. Der dreimalige Ministerpräsident

Der politische Senkrechtstarter Berlusconi wurde 1994 tatsächlich zum Ministerpräsidenten gewählt. Er amtierte allerdings nur ein gutes halbes Jahr, dann ließ ihn Bossis *Lega* im Stich, so dass er für längere Zeit auf den harten Oppositionsbänken Platz nehmen musste, ehe er 2001 das alte Wahlbündnis erneuern und sein erstes Comeback feiern konnte. Dieses Mal durfte er die gesamte Legislaturperiode im Palazzo Chigi bleiben, bevor ihm die Wähler 2006 eine Abfuhr erteilten[21]. Seit dem Bruch der Mitte-Links-Koalition von Romano Prodi im Mai 2008 sitzt Berlusconi wieder im Sattel. Er stützt sich heute – wie bei seinen früheren Versuchen – vor allem auf das Bündnis mit der *Lega Nord* und den Neofaschisten, die inzwischen in seiner Partei aufgegangen sind, die sich *Popolo della Libertà* (Volk der Freiheit) nennt. Berlusconi habe einen „Pakt mit den Teufeln Fini und Bossi" geschlossen, so titelte ein deutsches Magazin 1994[22], und auch heute sind solche Stimmen noch recht häufig zu hören.

Wie gefährlich ist dieser Teufelspakt wirklich und worin besteht er eigentlich? Zahlreiche Journalisten und nicht wenige Historiker reihen anstößiges Zitat an anstößiges Zitat und versuchen damit zu belegen, dass Gefahr im Verzug und die Demokratie in Italien in höchstem Maße bedroht sei. Viele Äußerungen aus der Regierungskoalition sind tatsächlich skandalös, und Berlusconis verbaler Amoklauf gegen die Justiz und andere Einrichtungen des Staates darf keinesfalls auf die leichte Schulter genommen werden; hier wird mit der kaum verbrämten Absicht, eigene Interessen ohne Rücksicht auf demokratische Gepflogenheiten durchzusetzen, die Legitimation staatlicher Institutionen untergraben und die politische Kultur kontaminiert. Andererseits ist Politik aber immer noch mehr als Provokation und Pöbelei, die gerade bei Berlusconi keine klare Linie erkennen lässt: Heute so, morgen so – dieses Ver-

---

[21] Vgl. Andrea Di Michele, Storia dell'Italia repubblicana (1948–2008), Mailand 2008, S. 362–433.
[22] Der Spiegel vom 23.5.1994, S. 136.

halten ist dem italienischen Regierungschef durchaus nicht fremd[23]. Anstatt ihm auf den Leim seiner Zick-Zack-Tiraden und -Inszenierungen zu gehen, sollte man sich an seine politischen Taten halten und sich eine Reihe von Fragen vorlegen: Gibt es überhaupt einen politischen Kern, den man Berlusconi zuschreiben kann? Oder müsste man nicht auch nach der Politik der *Lega Nord* und der alten neofaschistischen *Alleanza Nazionale* fragen und danach, wie diese konkurrierenden Strategien den Kurs der Regierung bestimmt haben? War die Regierungspolitik von Berlusconi seit 1994 Wandlungen unterworfen? Haben sich die Kräfte bei seinen Partnerparteien und in der nicht gerade homogenen Mitte-Rechts-Koalition verschoben? Wer ist stärker, wer ist schwächer geworden? Wie ist es um die Konditionierungskraft der sich ändernden politischen Rahmenbedingungen bestellt? Wie hoch ist insbesondere der Faktor Brüssel zu veranschlagen? Markierten die dreimaligen Regierungswechsel zu Berlusconi politische Zäsuren? Begann danach jeweils eine neue Zeitrechnung oder stand Berlusconis Herrschaft nicht doch im Zeichen starker Kontinuität? Oder um die Frage zuzuspitzen und zu personalisieren: Was unterscheidet Berlusconi von Romano Prodi, der ihm zweimal im Amt des Ministerpräsidenten folgte?

Bei näherer Betrachtung sind die politischen Unterschiede zwischen Berlusconi und seinen Gegnern von der Linken nicht annähernd so groß, wie diejenigen behaupten, die Italien unter Berlusconi nun schon seit mehr als einem Jahrzehnt im autoritären Abgrund versinken sehen. Selbst der Historiker Nicola Tranfaglia, der Berlusconi in herzlicher Abneigung verbunden ist, musste mit Blick auf den Wahlkampf 2008 einräumen: „Einer der Aspekte, die den Wahlkampf 2008 charakterisiert haben, ist die starke Ähnlichkeit der Programme" von Mitte-Links und Mitte-Rechts[24].

Bestehende Differenzen sollen nicht kleingeredet werden, sie waren und sind aber meist gradueller Natur. Berlusconis wirtschaftspolitisches Credo – das ist eine Mischung aus drei Elementen, die letztlich unvereinbar sind und ihn zum Miss-

---

[23] Vgl. den Beitrag von Gregor Hoppe in diesem Band.
[24] Nicola Tranfaglia, Vent'anni con Berlusconi (1993–2013). L'estinzione della sinistra, Mailand 2009, S. 174. Vgl. dazu auch Frankfurter Allgemeine Zeitung vom 16. 3. (S. 3) und 4. 4. 2006 (S. 10), die für den Wahlkampf von 2006 zu ganz ähnlichen Befunden kam.

erfolg verdammen: Das erste Element besteht aus einigen neoliberalen Grundüberzeugungen, die bis weit in die gemäßigte Linke hinein mehrheitsfähig sind und Berlusconi vor allem in Wirtschaftskreisen hoch angerechnet werden. Diesem Politikansatz, der auf einen Rückzug des Staates hinausläuft, widerspricht das zweite Element, nämlich der Handlungszwang des Populisten, der permanenten Zuspruch braucht und dafür die Ressourcen des Staates nutzt – und genauso überspannt wie fast alle seine Vorgänger, die ebenfalls großzügig Staatsgelder einsetzten, um die Wähler bei Laune zu halten. Hinzu kommt als drittes Element eine skrupellose pro domo-Politik, die mit neoliberalen Überzeugungen kollidieren kann und den Populisten dementiert.

Ganz andere Akzente setzt Berlusconi nur beim Thema innere Sicherheit, wo er viel härtere Saiten aufzieht und dafür in der Regel großen Beifall findet, weil er insbesondere die Überfremdungsängste der Menschen ernst zu nehmen verspricht, sie allerdings auch hemmungslos schürt und für seine Ziele instrumentalisiert[25]. Ähnlich war und ist es im Bereich der Vergangenheitspolitik, den Berlusconi und vor allem seine Mitstreiter – mit durchaus nicht eindeutigem Erfolg übrigens – zu nutzen versuchen, um ein revisionistisches Geschichtsbild zu etablieren, das den Faschismus in einem milderen Licht erscheinen lassen soll[26]. Und nicht anders verhält es sich in der Außenpolitik. Sie steht bei Berlusconi stärker als zuvor im Zeichen einer gewissen Europa-Skepsis und dezidierter, manchmal sogar aufgeplusterter nationaler Interessenwahrung – und verrät damit deutlich, dass Italien mehr will, als eine Nebenrolle im europäischen Mächtekonzert zu spielen[27]. Das zeigte sich in der Kooperation mit den Vereinigten Staaten, als Berlusconi durch die Beteiligung am Irak-Krieg die alte *special relationship* zu Washington wiederzubeleben versuchte, in der gesuchten Nähe zu Putins Russland und schließlich in den Beziehungen zur EU, die gerne als teutonisch und regelungssüchtig denunziert wurde[28].

---

[25] Vgl. den Beitrag von Amedeo Osti Guerrazzi in diesem Band.
[26] Vgl. Aram Mattioli, „Viva Mussolini!" Die Aufwertung des Faschismus im Italien Berlusconis, Paderborn u.a. 2010, und seinen Beitrag in diesem Band.
[27] Vgl. die Beiträge von Andrea Di Michele und Paolo Pombeni in diesem Band.
[28] Zum deutsch-italienischen Verhältnis vgl. Gian Enrico Rusconi/Thomas Schlemmer/Hans Woller (Hrsg.), Schleichende Entfremdung? Deutschland und Italien nach dem Fall der Mauer, München ²2009.

Europa rangierte plötzlich nur noch unter ferner liefen und wurde für einige Jahre das Ziel beißender Kritik, ehe auch Berlusconi einsah, dass es kein Entrinnen gab und Italien mit Europa und dem Euro gar nicht so schlecht fuhr. Die europäische Integration avancierte danach zwar nicht zu einem Herzensanliegen seiner Regierung, Italien gab aber immerhin seine Bremserrolle auf.

5. Ein italienischer Sonderweg?

Ergibt sich aus alledem aber schon ein italienischer Sonderweg, der sich signifikant unterscheidet von den Wegen anderer europäischer Länder? Nein. Besonderheiten, die es in Italien durchaus gibt, konstituieren noch lange keinen Sonderweg. Italien steht vor ähnlichen Herausforderungen wie seine Nachbarn, Italien führt darüber in Politik, Öffentlichkeit und Wissenschaft ähnliche Debatten, wie sie anderswo geführt werden, und Italien findet Antworten auf die ubiquitären Probleme, die so oder so ähnlich auch in anderen Ländern gefunden werden. Kategoriale Unterschiede sind kaum zu erkennen.

Berlusconi und seine Mitte-Rechts-Koalition haben auch der Demokratie in Italien mitnichten den Todesstoß versetzt, wie es das häufig zu hörende Wortgespenst der Postdemokratie suggeriert. Der *Cavaliere* beherrscht zwar die Medien, aber deshalb noch lange nicht die Politik. Der vermeintliche Alleinherrscher ist zweimal abgewählt worden, die parlamentarischen Gremien sind intakt, die Meinungsfreiheit bleibt trotz Berlusconis Monopolstellung im Privatfernsehen gewahrt, selbst die angefeindete Justiz vermag sich zu behaupten – und schließlich sind da ja auch noch der Verfassungsgerichtshof und der Staatspräsident, die Berlusconi schon mehrmals in die Schranken gewiesen haben.

Ein Blick zurück in die Geschichte und über den italienischen Tellerrand hinaus kann allzu drastische Urteile und Untergangsszenarien relativieren, ja vielleicht sogar das Bewusstsein dafür schärfen, dass Berlusconi eher zu den schwachen Ministerpräsidenten zu zählen ist. Er hat bei weitem nicht das Format eines Ronald Reagan oder einer Margret Thatcher, die er als seine Vorbilder nennt; sogar im Vergleich mit Angela Merkel, Tony Blair und Gerhard Schröder schneidet er nicht allzu gut ab. Berlusconi ist kein großer, von Visionen und Missionen getriebener Reformer, sondern ein Meister des Rückzugs und des Aufschubs, wobei allerdings auch gesagt werden muss, dass die italienische Verfassung dem Regierungschef nicht allzu viel erlaubt; der britische Premierminister und der deutsche Bundeskanzler haben mehr Macht, vom französischen Staatspräsidenten ganz zu schweigen.

Berlusconis Negativbilanz zeigt sich fast überall, lediglich auf dem Arbeitsmarkt vermochte er positive Akzente zu setzen[29]: Die Steuerlast blieb unverändert hoch, das Gesundheitssystem wurde noch teurer, aber deshalb nicht besser, und auch bei den Renten konnte die Regierung ihre großen Versprechungen nicht halten. Nicht anders verhielt es sich bei der Infrastrukturpolitik, bei der Privatisierung schwerfälliger und unrentabler Staatsbetriebe[30] und schließlich auch bei der Verfassungsreform, die zu einem Präsidialsystem nach französischem oder amerikanischem Vorbild führen soll, das natürlich Berlusconi selbst die Tür zum Quirinalspalast öffnen soll[31]. Großen Ankündigungen folgen meist Trippelschritte oder das blanke Nichts. Einmal beißt er sich an den Gewerkschaften die Zähne aus, dann erteilt ihm das Volk eine Lektion, und schließlich stehen auch seine Verbündeten nicht in so unverbrüchlicher Treue zu ihm, wie die Berlusconi-Saga es glauben machen will; sorgten früher die *Lega* und ihr unberechenbarer Vorsitzender für manchen Verdruss, so ist es neuerdings Gianfranco Fini, der seinen Ehrgeiz kaum mehr zügeln kann und – wie es scheint – unverhohlen auf eine Regelung der Nachfolgefrage pocht[32].

Dieses Scheitern kaschiert Berlusconi durch eine Mischung aus Polemik, Pomp und Propaganda, die vor maskuliner Dicktuerei nur so strotzt, in der Sache aber oft folgenlos bleibt; selbst Skandale erfüllen den Ablenkungszweck und lullen das Publikum durch Überreizung ein. *Anything goes*, aber nur wenig vorwärts, so scheint das Überlebensmotto eines neuen Politikerschlags zu lauten, der in Berlusconi seinen extravaganten Prototypen hat, aber nicht nur in Italien anzutreffen ist. Allem Anschein nach gibt es in der irritierenden Unübersichtlichkeit der globalisierten Welt eine beträchtliche gesellschaftliche Nachfrage nach dieser Art von simulierter Stärke, die mit ihren ein-

---

[29] Vgl. die Beiträge von Thomas Schlemmer und Ugo Trivellato in diesem Band.
[30] Vgl. Iginio Ariemma (Hrsg.), La resa dei conti 2001–2006. Fatti, cifre e impegni non mantenuti del governo Berlusconi, Rom 2006.
[31] Vgl. den Beitrag von Gian Enrico Rusconi in diesem Band.
[32] Vgl. Süddeutsche Zeitung vom 17.4.2010, S.11.

gängigen Parolen und billigen Inszenierungen kaum mehr als Politikersatz ist.

Sei es, wie es will. Berlusconi schadet seinem Land – und zwar nicht primär, weil er die demokratischen Fundamente angreift und die politische Kultur verdirbt. Berlusconi mag ein demokratischer Nihilist sein, wie Thomas Schlemmer das nennt, respektieren muss er die Spielregeln dennoch, ob er will oder nicht. Italien ist schließlich keine sturmreife Schönwetterdemokratie, sondern ein krisenerfahrenes Staatsgebilde, das schon mit ganz anderen Herausforderungen fertig geworden ist und in puncto Krisenbewältigung wahrlich keinen Nachhilfeunterricht braucht. Das demokratische Regelwerk funktioniert, die Selbstheilungskräfte sind nicht gelähmt, außerdem wacht auch die Europäische Union über Italien.

Berlusconi schadet Italien aus anderen Gründen; er schadet dem Land, weil er es dem Gespött der Welt aussetzt und vor allem weil er Italien – trotz vollmundiger Versprechen – in der Stagnation bannt, die nun schon mehr als zwei Jahrzehnte zu beobachten ist. Italien fällt in Europa immer weiter zurück und kommt in der globalisierten Welt immer weniger zurecht. Seit Anfang der 1990er Jahre taumelt die drittgrößte Volkswirtschaft der Eurozone von einer Konjunkturflaute zur nächsten, in manchen Jahren mussten die Statistiker sogar eine Rezession vermelden, was Sandro Trento, den Chefökonomen des Unternehmerverbands, urteilen ließ: Das hoch verschuldete Italien sei der „wahre kranke Mann der Welt"[33]. Ulrike Sauer, die profilierte Wirtschaftsjournalistin der Süddeutschen Zeitung, sieht es nicht anders. Sie brachte die Lage im Januar 2010 auf folgenden Punkt:

„Die Wirtschaftsleistung ist 2009 um 4,7 Prozent geschrumpft. Die Rezession vernichtete 781 000 Stellen. Nur ein Zehntel der aus dem Arbeitsleben gedrängten Italiener erhält finanzielle Unterstützung. Schlimmer noch: Die Jugendarbeitslosigkeit schnellte von 18 auf 27 Prozent hoch. Für unter 25-Jährige ist das Risiko, ohne Job zu bleiben, 3,5-mal so hoch wie für den Rest der Bevölkerung. [...] Zentralbankchef Mario Draghi erinnert bei jeder Gelegenheit daran, dass nach der Krise nichts mehr so sein wird, wie es war. Doch alle Appelle, die Gelegenheit zur Erneuerung zu nutzen, verhallen. Nur der Chef der römischen Elitehochschule Luiss, Pier Luigi

---

[33] Zit. nach Süddeutsche Zeitung vom 20.3.2006, S.17.

> Celli, erregte kurzes Aufsehen, als er seinem Sohn in einem offenen Brief die Auswanderung ans Herz legte an einen Ort, wo Recht und Leistung anerkannt werden. ‚Glaube mir, dieses Land hat dich nicht verdient', schrieb der Spitzenmanager."[34]

Berlusconi wird nicht ewig leben, der Rückstand aber, den Italien vor allem in wirtschaftlicher Hinsicht gegenüber seinen europäischen Nachbarn zu beklagen hat, wird sich sehr lange nicht aufholen lassen. Hier liegt das eigentliche Problem, das Berlusconi den Italienern beschert.

---

[34] Süddeutsche Zeitung vom 12.1.2010, S.17.

Paolo Pombeni
Periphere Politik
Berlusconi und Europa

1. Zwischen nationaler Größe und europäischer Bescheidenheit

Will man die Außenpolitik eines italienischen Ministerpräsidenten bewerten, darf man den weiteren Kontext nicht außer Acht lassen, denn nur so lässt sich ermessen, ob er eine eigenständige oder sogar innovative Politik betreibt. Dabei haben wir es mit Rahmenbedingungen zu tun, die überall in Europa gelten, und solchen, die nationalspezifisch sind. Zunächst muss man sich die starke Interdependenz zwischen Außen- und Innenpolitik vergegenwärtigen. In einer Zeit, die ganz im Zeichen der Medialisierung von Politik steht, gehört Außenpolitik längst nicht mehr zu den Arkana staatlichen Handelns. Außenpolitik ist vielmehr – in Italien wie anderswo – ein integraler Bestandteil der mitunter recht komplexen Beziehungen zwischen dem Regierungschef, seinem Land und der Opposition. Berlusconis Politik steht darüber hinaus in der besonderen Tradition italienischer Außenpolitik, wobei die Europapolitik eine spezielle Bedeutung hat[1]. Nur im Vergleich mit der Politik der Vorgängerregierungen lassen sich Konvergenz und Divergenz seines außenpolitischen Handelns erkennen. Dabei ist zu beachten, dass die Erinnerung an das faschistische Regime, das Italien schließlich in den Zweiten Weltkrieg führte, ein instinktives Misstrauen gegenüber einer von imperialen Träumen inspirierten Außenpolitik provoziert hat.

Das Adjektiv imperial wird hier ganz bewusst verwendet, weil Italien den Anspruch auf nationale *Grandeur* auch nach 1945 konservierte. Links wie rechts wurden immer wieder Macht und Größe beschworen. Für die einen stellte Italien die Avantgarde

---

[1] Vgl. Gianni Bonvicini/Raffaello Mattarazzo, La politica estera italiana fra novità e continuità, und Federico Niglia, L'Italia, L'Unione Europea e le nuove partnership, beide Beiträge in: Gianni Bonvicini/Alessandro Colombo (Hrsg.), L'Italia e la politica internazionale, Bologna 2009, S. 67–78 und S. 79–88.

des globalen Pazifismus dar, für die anderen sollte das Land eine Brückenfunktion in den Konflikten der Welt einnehmen, sei es zwischen Ost und West oder zwischen Nord und Süd, zwischen dem alten Kontinent und den arabischen Gestaden des Mittelmeers, zwischen Israelis und Arabern und so weiter und so fort. Aus diesen Widersprüchen hat sich die italienische Außenpolitik entwickelt, auch wenn weite Kreise der Gesellschaft diese Themen mit einigem Argwohn betrachteten. Auf der einen Seite stand das Bedürfnis nach Sicherheit, das ungeachtet aller Hoffnungen auf eine Politik der Neutralität dazu führte, dass Italien zu einem festen Bestandteil des atlantisches Bündnisses wurde. Auf der anderen Seite herrschte die Illusion, das Land habe die Aufgabe, eine Mittlerrolle in den kleinen und großen Konflikten der Welt zu spielen. Italien sei hierzu prädestiniert, da es im Gegensatz zu anderen europäischen Mächten keine imperiale Vergangenheit habe.

In welchem Zusammenhang stehen nun Italiens Suche nach einem bevorzugten Platz im Theater der internationalen Politik und die europäische Integration? Wie in Deutschland war auch in Italien die Vision eines geeinten Europa das Vehikel zu Rehabilitierung und Anerkennung. Man glaubte, allein Staaten oder Staatenbünde mit einem riesigen Territorium wie die USA und die UdSSR könnten internationales Gewicht und wirtschaftliches Wachstum garantieren. Außerdem bestand die Vorstellung, dass Italien unter dem neuen europäischen Dach die alte Rolle als Störenfried, die das Land in der ersten Hälfte des 20. Jahrhunderts gespielt hatte, abstreifen könne. Die Idee einer Europäischen Union erfreute sich südlich der Alpen großer Beliebtheit, weil sich darin der Wunsch, als Mittler Größe zu gewinnen, mit dem Willen verband, die düstere Vergangenheit hinter sich zu lassen, und weil bald deutlich wurde, dass das europäische Experiment Erfolg hatte: Der Aufbau Europas schritt zügig voran, und der allgemeine Wohlstand in Italien wuchs so stark, dass das Land bald zu seinen Nachbarn aufschließen konnte. Die Tatsache, dass der *Partito Comunista Italiano* (PCI) und die Sozialisten damals viele Wähler hinter sich zu bringen vermochten, darf nicht täuschen: Die beiden Oppositionsparteien hatten nur so lange Erfolg, als es ihnen gelang, die europäische Integration als amerikanisches Unternehmen gegen das sowjetische Vaterland des Sozialismus und als Manöver des Kapitalismus zu stigmatisieren, das nur kurzfristig Wohlstand bringe, über kurz oder lang aber unweigerlich in eine wirtschaftliche Apokalypse führen werde. Als sich diese

Vorhersage nicht bewahrheitete, gerieten Kommunisten wie Sozialisten in Schwierigkeiten und öffneten sich selbst dem Europagedanken. Die Krise der Ersten Republik nach 1989/90 brachte all das ins Wanken. Das atlantische Bündnis und der Europagedanke mussten neu definiert werden. Was jedoch blieb und sogar noch gestärkt wurde, war die Vorstellung, Italien könne die Rolle eines großen Vermittlers spielen; dazu trugen vor allem die Krisen vor der Haustür Italiens – im Libanon, am Horn von Afrika und auf dem Balkan – bei. Die Christdemokraten, die die Geschicke der italienischen Außenpolitik über lange Jahre bestimmt hatten, verschwanden von der Bildfläche, während sich enorme kulturelle Veränderungen bemerkbar machten, die Italien seit „1968" erfasst hatten. Zu nennen ist etwa ein neuer ideologischer Dogmatismus, der zahllose Italiener geprägt hatte, die im Zeichen des Vietnamkrieges, des Maoismus und der Dritte-Welt-Bewegung Lateinamerikas sozialisiert worden waren. Hinzu kam die veränderte Außenpolitik der katholischen Kirche, die von Papst Johannes XXIII., vom Zweiten Vatikanischen Konzil und von der Enzyklika *Populorum Progressio* von Papst Paul VI. in progressive Bahnen gelenkt wurde. Schließlich war die Idee der europäischen Einigung selbst in die Sackgasse geraten; den Mangel einer Vision kompensierte unter der langen Präsidentschaft von Jacques Delors eine bestens funktionierende Technokratie, die sich allerdings verselbständigte und keine größeren Emotionen mehr weckte.

2. Berlusconi, Prodi und Europa

Während dieses epochalen Wandels übernahm Silvio Berlusconi, der Demiurg des Übergangs in eine neue Republik, das Steuer der Außen- und damit auch der Europapolitik seines Landes[2]. Als Homo novus hatte er zuvor nie politische Konzepte

---

[2] Vgl. hierzu und zum Folgenden Michele Marchi, Alla ricerca di „Europa". Verso un nuovo Occidente? La visione dell'Italia, in: Paolo Pombeni (Hrsg.), Stampa e opinione pubblica in Europa nel 2005, Bologna 2006, S. 71–87; Riccardo Brizzi, L'unione Europea vista dall'Italia: Tra pifferai magici e stanchezza da allargamento, in: Paolo Pombeni (Hrsg.), L'Europa di carta. Stampa e opinione pubblica in Europa nel 2006, Bologna 2007, S. 203–234; Michele Marchi, Rinasce l'Europa si eclissa l'Italia? Stampa italiana e ripartenza europea, in: Paolo Pombeni (Hrsg.), L'Europa di carta. Stampa e opinione pubblica in Europa nel 2007, Bologna 2008, S. 159–194; Riccardo Brizzi, Italia. L'Ue risorge dalla

entwickelt und sich schon gar nicht mit Außenpolitik beschäftigt. Er ist ein populistischer Führer und ein „konservativer" Politiker im Sinne des Wortes: Mit seinem Appell an das Volk steht Berlusconi für die Aufrechterhaltung eines überkommenen Systems, das sich vielfältigen Modernisierungsängsten ausgesetzt sieht. Vielen Menschen in Italien ist die Etablierung eines neuen politischen Systems suspekt, weil sie dessen Regeln nicht kennen und nicht wissen, ob es zu ihrem Vor- oder Nachteil ausfallen wird. Berlusconi kapitalisiert diese Ängste vor einem Sprung ins Ungewisse und versucht gleichzeitig, die angeblich von der Linken bedrohten wirtschaftlichen Interessen der italienischen Unternehmer – und damit seine eigenen – zu wahren. Er weiß, wie er die Vorurteile gegenüber der Linken in politischen Erfolg ummünzen kann, und hat dabei leichtes Spiel, weil viele nur die revolutionären Parolen der von Enrico Berlinguer auf Kurs gebrachten Führungsriege des PCI kennen und darüber die pragmatische, um nicht sagen, sozialdemokratische Politik der Linken an der kommunalen Basis vergessen.

Für viele Italiener ist Europa schon lange nicht mehr uneingeschränkt positiv besetzt. Die ersten Übergangsregierungen von Amato, Dini und Ciampi rekurrierten dennoch auf Europa, um die Italiener davon zu überzeugen, dass eine rigorose Sparpolitik mit dem Ziel der Konsolidierung der Staatsfinanzen unvermeidlich sei. Sie gingen dabei davon aus, dass der Europagedanke immer noch populär sei. Einerseits appellierten sie an den Stolz ihrer Landsleute, sich nicht vom Kern Europas abkoppeln zu lassen, andererseits beriefen sie sich auf äußere Zwänge, um Eingriffe in die italienische Finanzpolitik zu begründen, womit sie ohne Zweifel ein wichtiges politisches Signal nach Jahren zügellosen *Deficit Spendings* in der Endphase der Ersten Republik setzten, dem Europagedanken aber nicht unbedingt nutzten.

In dieser Situation übernahm die erste Regierung Berlusconi am 10. Mai 1994 die Amtsgeschäfte. Die Außenpolitik gehörte nicht zu ihren Prioritäten, auch wenn Berlusconis Koalitionspartner, die *Alleanza Nazionale* (AN), als postfaschistische Partei für große Besorgnis in Europa sorgte. Berlusconi versuchte, diesen Sorgen die Spitze zu nehmen, indem er mit Antonio Martino einen Mann zum Außenminister machte, der wie kaum ein anderer für Kontinuität stand: Martino, dessen Vater

---

Crisi, in: Paolo Pombeni (Hrsg.), L'Europa di carta. Stampa e opinione pubblica in Europa nel 2008, Bologna 2009, S. 227–252.

Gaetano Martino einer der Gründerväter der Europäischen Gemeinschaft gewesen war, bürgte mit seiner ganzen Person für die transatlantische Allianz und sollte das Ausland beruhigen.

In der kurzen Amtszeit der ersten Regierung Berlusconi, die bereits im Januar 1995 endete, gab es für den neuen starken Mann kaum eine Gelegenheit, sich international zu profilieren; es blieb bei propagandistischen Ankündigungen. Bis zu seinem Comeback im Jahr 2001 hielt sich Berlusconi mit außen- und europapolitischen Aussagen zurück. Die Wahlniederlage von 1996 gegen Romano Prodi machte das Mitte-Rechts-Bündnis allerdings nicht zu stärkeren Befürwortern des Europagedankens. Berlusconi ging es danach vor allem um die Delegitimierung der Mitte-Links-Regierung, wobei er auf ein bewährtes Argument der Konservativen zurückgriff und die Regierung wegen ihrer verantwortungslosen Steuer- und Finanzpolitik attackierte. Damit geriet er jedoch fast automatisch in antieuropäisches Fahrwasser, etwa wenn er die finanziellen Belastungen thematisierte, die Prodi und seine Vorgänger im Namen Europas den italienischen Steuerzahlern aufgebürdet hatten, oder wenn er die rigorosen Sparmaßnahmen kritisierte, die nötig gewesen waren, um die Maastricht-Kriterien für die Einführung der neuen gemeinsamen Währung zu erfüllen. Es war leicht und verführerisch, einen Zusammenhang herzustellen zwischen einer Europapolitik, die Italien von Technokraten aus Brüssel aufoktroyiert worden sei, und den nachfolgenden Steuererhöhungen und Sparmaßnahmen, die vielen Familien erhebliche Opfer abverlangt hatten. Schuld daran war immer auch Europa.

Erst nach der Rückkehr Berlusconis ins Amt des Ministerpräsidenten im Juni 2001 rückte die Europapolitik auf der Prioritätenliste der Mitte-Rechts-Koalition etwas nach oben. Auch hier muss man sich freilich wieder vor Augen halten, dass sich in Europa, ja in der internationalen Staatengemeinschaft die Dinge zu ändern begonnen hatten. In der EU wurden nun große Schwächen offenbar. Unter dem Kommissionspräsidenten Jacques Santer hatte die Union zwischen 1995 und 1999 ihren vorläufigen Tiefpunkt erreicht: Korruptionsvorwürfe wurden laut. Funktionsstörungen der verschiedenen Organe waren nicht mehr zu übersehen; da half auch die Ernennung Romano Prodis zum Nachfolger Santers im Jahr 1999 zunächst nicht viel. Vor allem aber zeigte sich, dass im eigentlichen politischen Entscheidungszentrum, im Europäischen Rat, immer wieder nationale Spannungen ausbrachen. Ganz deutlich wurde das, als 1996 in Spanien José Maria Aznar an die Macht kam und als ein Jahr später in Großbritannien die Ära Tony Blairs begann. Zwar war der eine ein Konservativer und der andere der Chef der *Labour Party*, doch stellten beide Europa in seiner bisherigen Form und die alte Europaidee in Frage, der damals viele allzu gerne das Wort redeten, auch wenn es nur noch Lippenbekenntnisse waren. Selbst die Annahme, die EU müsse sich als zivile Macht aus Konfliktsituationen heraushalten, geriet nun massiv in die Kritik. Tatsächlich wurde das krisengeschüttelte Europa 1999 in den Balkankonflikt hineingezogen, der sich bald zu einer offenen Militäroperation gegen Serbien entwickelte. Unter seinem neuen Ministerpräsidenten Massimo D'Alema, der eine Mitte-Links-Regierung anführte, beteiligte sich auch Italien an der Intervention.

Mit Blick auf diese Ereignisse musste die Regierung Berlusconi nach 2001 der europäischen Frage mehr Beachtung schenken. Bereits 1995 hatte Berlusconi in einem heiklen Punkt, nämlich der Nominierung der italienischen Kommissare, Flagge zeigen müssen. Er entschied sich damals für einen gewagten politischen Schachzug und nominierte neben dem Fachmann Mario Monti, der das Vertrauen der Wirtschaft besaß, zunächst den Ex-Kommunisten Giorgio Napolitano. Aber obwohl dieser bereits zugesagt hatte und über seine Wahl Konsens bestand, besann sich Berlusconi in allerletzter Minute doch anders und benannte anstelle von Napolitano Emma Bonino von der Radikalen Partei, die damit ruhiggestellt werden sollte. Dieses Manöver zeigte ganz deutlich: Europapolitik war für Berlusconi nur eine Funktion der Innenpolitik, die eindeutig Priorität genoss.

Daran hat sich bis heute im Wesentlichen nichts geändert, auch wenn man zu seiner Ehrenrettung sagen muss, dass das kein italienisches Spezifikum ist. Im Übrigen sah sich Berlusconi nach 2001 in Brüssel seinem großen Rivalen aus den Wahlen von 1996 gegenüber: Kommissionspräsident Romano Prodi. Berlusconi hatte als Oppositionsführer dieser Kandidatur keine Steine in den Weg gelegt – wahrscheinlich aus der Überzeugung heraus, dass Prodi dadurch über Jahre in Brüssel gebunden bliebe und bei den nächsten Wahlen nicht als sein Konkurrent auftreten könne. Überlegungen dieser Art spielten anscheinend auch eine Rolle, als Berlusconi sich entschied, Renato Ruggiero zum Außenminister seines zweiten Kabinetts zu bestellen. Ruggiero war ein Karrierediplomat mit großer Erfahrung, der als Staatssekretär im Außenhandelsministerium gearbeitet hatte und von 1995 bis 1999 Generaldirektor der Welthandelsorganisation gewesen war. Vor allem aber verfügte Ruggiero über beste Beziehungen zu FIAT und zum Erdölkonzern ENI; Berlusconi ging es also um möglichst enge Beziehungen zu einen gewichtigen Teil der italienischen Unternehmerschaft. Diese Personalie ist aber nicht zuletzt deswegen so interessant, weil für den Posten als Außenminister auch Pierferdinando Casini im Gespräch gewesen war, der damals als Nachfolger Berlusconis gehandelt wurde. Casini wurde jedoch mit dem Vorsitz im italienischen Abgeordnetenhaus abgespeist. Da liegt die Frage nahe, ob Berlusconi mit der Entscheidung für den Experten Ruggiero und gegen den Politiker Casini nicht auch einen potenziellen Konkurrenten mit dezidierten Karriereambitionen kalt stellen wollte. Ruggiero gelang auf seinem neuen Posten nur wenig; er wurde bereits am 6. Januar 2002 entlassen. Mehrere Monate später trat Franco Frattini seine Nachfolge an, der zwar als fähiger Administrator galt, aber weder Willens noch in der Lage war, Berlusconi politisch zu gefährden. Ende 2004 wurde Frattini durch den ehrgeizigen Gianfranco Fini ersetzt und musste als EU-Kommissar nach Brüssel wechseln.

Zwar war Berlusconi während der schwierigen Verhandlungen um das europäische Verfassungswerk an der Macht, doch wusste er diese Chance nicht zu nutzen. Der Vertrag von Nizza vom 7. Dezember 2000, der die Grundlage dieser Verhandlungen bildete, war noch von der Regierung Amato vorbereitet worden. Als der Europäische Rat im Dezember 2001 im belgischen Laakens zusammenkam, brachte er auch die Verfassung auf den Weg, wobei Berlusconi das Vertragswerk weder zu behindern noch zu befördern versuchte. Zur treibenden Kraft wurde vielmehr Giuliano Amato, der Vizepräsident des Europäischen Konvents, der die Verfassung ausarbeitete und dem sicherlich keine Nähe zu Berlusconi nachgesagt werden kann. An den offiziellen Regierungsberatungen nahm für die italienische Regierung Gianfranco Fini teil, der konstruktiv am Vertrag mitarbeitete, auch wenn er einige Herzensanliegen der Mitte-Rechts-Regierung verteidigte; vor allem galt das für die Aufnahme eines Passus in die Präambel des Vertragswerks, der die christlichen Wurzeln Europas betonen sollte.

Das Hauptaugenmerk Berlusconis galt währenddessen der großen Politik, die von der Wahl von George W. Bush zum neuen US-Präsidenten und vom Aufstieg Vladimir Putins zum starken Mann Russlands geprägt war. Der Wunsch, Italien durch Nachgiebigkeit und Geschmeidigkeit gegenüber den Großmächten eine Stimme im internationalen Konzert zu verschaffen, hat in der italienischen Politik eine lange, auf die staatliche Einigung im 19. Jahrhundert zurückgehende Tradition, an die Berlusconi freilich nicht nahtlos anknüpfen konnte, denn die Konstellation hatte sich grundlegend gewandelt. Die einstige friedliche Koexistenz zwischen Ost und West bestand nicht mehr, ebenso wenig die unerschütterte Hegemonie der USA. Erinnert sei hier nur an den Krieg im Kosovo und den ersten Golfkrieg von 1990/91. Hinzu kam, dass Europa seine Unschuld auf dem internationalen Parkett verlor. Die wachsenden Spannungen zwischen den USA und dem Irak Saddam Husseins, die schließlich 2003 zum zweiten Golfkrieg führten, stellten nämlich die Idee von Europa als Zivilmacht auf eine harte Probe, die sie letztlich nicht bestand. Das lag zum einen daran, dass die ehrgeizigen Vermittlungsbemühungen der Europäer erfolglos blieben, und hatte zum anderen mit der immer intransigenteren Haltung des amerikanischen Präsidenten zu tun, dessen Parole lautete: „Entweder mit mir oder gegen mich!" Washington wurde dabei von Aznar und Blair fast bedingungslos unterstützt, wobei Blair es war, der Berlusconi die Richtung vorgab: Italien sagte ebenfalls Unterstützung zu, lehnte allerdings eine direkte militärische Beteiligung ab.

Dass Frankreich und Deutschland sich gegen die Intervention im Irak aussprachen und dass zugleich der alte europäische Pazifismus wieder aufblühte, schwächte die Position der EU gegenüber den USA erheblich. Berlusconi fand sich nun in einer Position, die ihm überhaupt nicht lag. In der zweiten Hälfte des Jahres 2003 übernahm Italien den EU-Vorsitz. Für den italienischen Ministerpräsidenten war das ein echtes Problem: In einem Europa, das sich gerade eine neue Façon zu geben begann (am 10. Juli hatten die Verfassungsmütter und -väter ihre Arbeiten abgeschlossen), beherrschte unkontrollierte Konkurrenz um die Schaltstellen der Macht das Tagesgeschäft. Als politischer *Newcomer* hatte Berlusconi nun an mehreren Fronten zu kämpfen, was sich natürlich auch auf die italicnische Innenpolitik auswirkte.

Wie nervös Berlusconi war, zeigte sich nicht zuletzt in der inzwischen berühmten Auseinandersetzung mit dem deutschen Sozialdemokraten Martin Schulz im Europaparlament. Der Fraktionsvorsitzende der Sozialisten attackierte den italienischen Ministerpräsidenten im Juli 2003 in einer Art und in einem Ton, den er sich wohl keinem anderen Regierungschef eines großen europäischen Landes gegenüber erlaubt hätte. Berlusconi reagierte darauf, wie so oft, sehr emotional und ohne zu begreifen, dass es sich hierbei nicht um die übliche Polemik in den Talkshows des italienischen Fernsehens handelte, sondern um eine politische Debatte, in der es auch um institutionelle Fragen im Kontext von Europaparlament und Ratspräsident ging. Der Streit mit Schulz bestärkte die Kritiker Berlusconis im Ausland in ihrer Auffassung, Italien sei ein politisch schwaches Land. Und in der Tat: Das Land war wieder einmal entlang der überkommenen Rechts-Links-Scheidelinie gespalten und kaum einer verstand, dass hier, politische Sympathien hin oder her, die Rolle Italiens in Europa verteidigt werden musste.

So kann es nicht überraschen, dass Italien Ende 2003/Anfang 2004 aus dem mehr oder weniger informellen „Triumvirat" der Mächte Frankreich, Deutschland und Großbritannien ausgeschlossen wurde. Verfehlt wäre es allerdings, dies auf Berlusconis Unterstützung für die Politik der Bush-Administration zurückzuführen; immerhin gehörte dem Triumvirat ja auch Blair an, der sogar britische Truppen in den Irak entsandt hatte. Fragen muss man sich aber schon, ob es sonderlich klug von Berlusconi war, zu Washington und Moskau besondere Beziehungen zu unterhalten und damit Europa zu brüskieren. Es lässt sich allerdings schwerlich bestreiten, dass diese strategische Entscheidung in der italienischen Öffentlichkeit durchaus auf Zustimmung stieß. Wie Umfragen zeigen, nahmen die traditionell hohen Sympathiewerte für Europa in dieser Zeit langsam, aber stetig ab. Gleichzeitig wuchs der Unmut über Vermögensbeschränkungen, die viele Privatleute – ganz zu Unrecht – auf Italiens Beitritt zur europäischen Währungsunion zurückführten.

Zwischen 2004 und 2005 konsolidierte sich diese Situation, in der Europa zum Sündenbock stilisiert wurde. Vorwürfe wurden laut, die Erweiterung der EU sei überstürzt erfolgt, weshalb sich angeblich unkontrollierte Ströme von Migranten in Richtung Italien ergossen. Hinzu kam, dass die öffentliche Diskussion um die strikte Einhaltung der Maastricht-Kriterien viele Regierungen zwang, von ihrer bisherigen Politik der Verschuldung abzugehen und Sparprogramme aufzulegen. Für die sozialen Härten, die sich daraus ergaben, wollte jedoch niemand haftbar gemacht werden. Deshalb schob man die Verantwortung auf die Technokraten in Brüssel ab. In vielen Ländern kam es – wie in Italien – dadurch zu einer wachsenden Delegitimierung der europäischen Strukturen, die unter der Präsidentschaft von Josè Manuel Barroso nochmals eine Verschärfung erfuhr.

3. Die europäische Verfassung und andere Streitpunkte

Im Zuge von Prodis Ablösung als EU-Kommissionspräsident im November 2004 trat ein weiterer zentraler Aspekt der Europapolitik Berlusconis hervor. Es ging damals darum, einen neuen italienischen Kommissar zu bestellen. Der italienische Premier votierte für den Christdemokraten Rocco Buttiglione, obwohl dieser als konservativer Überzeugungstäter galt und kaum Aussichten bestanden, dass das hochideologisierte italienische Parlament mit seinen linken Neigungen seinen Kandidaten unterstützen würde. Das Ergebnis war vorhersehbar und offenbarte ein weiteres Mal die selbst verschuldete Schwäche Italiens: Buttiglione wurde vom Abgeordnetenhaus nach heftigem Streit abgelehnt, Berlusconi schluckte diese politische Kröte, ohne mit der Wimper zu zucken, und sandte schließlich seinen Außenminister Franco Frattini nach Brüssel.

Die europäische Verfassung wurde am 25. Januar beziehungsweise 6. April 2005 von beiden Kammern des italienischen Parlaments ratifiziert, während sie kurz danach in Frankreich und Holland scheiterte[3]. Die italienische Regierung nahm das tatenlos hin und startete keinerlei Initiative. Das lag daran, dass die Regierung Berlusconi der europäischen Frage nur sekundäre Bedeutung beimaß. Allenfalls in Wirtschaftsfragen ließ sich politisches Kapital daraus schlagen und bequem gegen Brüssel polemisieren. Hier sei vor allem an die entsprechenden Äußerungen von Wirtschafts- und Finanzminister Giulio Tremonti gegen die ökonomischen Vorgaben der EU und ihres Kommissars Joaquín Almunia erinnert. Die marginale Bedeutung, die Europa für Berlusconi letztlich hatte, zeigte sich im Übrigen auch daran, dass die einzigen Gegenstimmen gegen den EU-Vertrag (abgesehen von der *Rifondazione Comunista*) von der *Lega Nord* kamen, also von einem Koalitionspartner Berlusconis, ohne dass das Auswirkungen auf das Mitte-Rechts-Bündnis gehabt hätte. Nicht einmal die herausfordernden Zwischenrufe der Europaabgeordneten der *Lega Nord* während der Ansprache von Staatspräsidenten Carlo Azeglio Ciampi im Straßburger Parlament hatten irgendwelche Folgen.

---

[3] Material hierzu und zu anderen Fragen italienischer und europäischer Politik seit 2005 finden sich auf der Website des *Centro Studi per il progetto Europeo* (Bologna): www.europressresearch.eu.

In Italien sah man Europa unter rein technischen Aspekten, die Menschen waren wenig daran interessiert. Als sich der Europäische Rat im Juni 2005 aufgrund des Widerstands von Tony Blair nicht auf den Haushalt für die Jahre 2007 bis 2013 einigen konnte, enthielt sich die italienische Regierung der Stimme, obwohl sie den britischen Vorstoß eigentlich ablehnte. Dabei hatte Blair mit seiner Kritik an den hohen Agrarausgaben der EU durchaus Recht, auch wenn Barroso den Führer der *Labour Party* als „Sheriff von Nottingham" bezeichnete, der die Armen beraube, um das Geld den Reichen zu geben. Berlusconi lehnte Blairs Vorgehen aus innenpolitischen Gründen ab: In Italien war man sich über die Parteigrenzen hinweg darin einig, dass die Agrarsubventionen bestehen bleiben sollten. Das Land stimmte schließlich dem von Blair selbst ausgearbeiteten Kompromiss zu, der im Dezember 2005 den Europäische Rat passierte.

Dass die europäische Frage kein brennendes Problem darstellte, trat während des Wahlkampfs vom Frühjahr 2006 so deutlich zutage wie nie zuvor: Die Politik der EU war kein Thema, obwohl die Mitte-Links-Formation mit Romano Prodi über einen Kandidaten verfügte, der den Kommissionsvorsitz innegehabt hatte und als einer der prominentesten Europäer gelten konnte. Selbst in dem berühmten Fernsehduell zwischen Berlusconi und Prodi wurde die europäische Frage nicht berührt. Die Außenpolitik kam überhaupt nur in Gestalt der Irakproblematik vor, wobei Berlusconi in seinem Statement nicht einmal das knapp bemessene Zeitlimit ausschöpfte, während Prodi sich darauf beschränkte, gegen einige Äußerungen seines Rivalen aus der Vergangenheit zu polemisieren.

In diesem Zusammenhang muss man sich vergegenwärtigen, dass 2005 das A*nnus horribilis* Europas darstellte und dass Barroso 2006 zum Jahr der „Denkpause" erklärte. Die Europapolitik wurde erst Ende 2006 wiederbelebt, und zwar durch zwei Politiker, die von Berlusconi zumindest auf den ersten Blick weltanschaulich nicht allzu weit entfernt waren: durch Nicolas Sarkozy, der im September 2006 noch als Präsidentschaftskandidat für einen Mini-Vertrag plädierte (eine Idee, die sich schließlich auch durchsetzte), sowie durch Angela Merkel, der es während der deutschen Präsidentschaft in der ersten Hälfte des Jahres 2007 mit viel Geduld gelang, den Vertrag von Lissabon auf den Weg zu bringen.

In diesen Tagen war Romano Prodi italienischer Regierungschef und Massimo D'Alema sein Außenminister. Ohne Zweifel war ihre Einstellung zu Europa eine ganz andere als die von Berlusconi, da beide diesem Thema ausgesprochen große Bedeutung zumaßen. Allerdings änderte das nichts an der Haltung der europäischen Partner gegenüber Italien, die der nur mit einer hauchdünnen Mehrheit gewählten, innerlich zerstrittenen Regierung Prodi/D'Alema nicht zu Hilfe kamen. Nicht nur ein politischer Kommentator schrieb damals, dass das *Feeling* zwischen Rom und Brüssel verloren gegangen sei. Selbst die Kommission übte Kritik an der Wirtschaftspolitik der Mitte-Links-Regierung. Wie wenig Sympathien Italien genoss, zeigte sich an mehreren Beispielen: an der Kritik Barrosos am Vorgehen der italienischen Polizei und Justiz nach der Ermordung einer Frau durch einen illegal im Land lebenden Rom, an der ablehnenden Haltung gegenüber der Vermittlungspolitik Prodis im Nahen Osten, schließlich auch am Versuch der EU, die Zahl der italienischen Mitglieder im Europaparlament zu reduzieren – ein Versuch, dem Prodi massiv entgegentrat, als er mit einem italienischen Veto beim nächsten EU-Gipfel drohte.

Im Wahlkampf, der zwischen Januar und April 2008 geführt wurde, war Europa etwas prominenter vertreten, auch wenn das Thema wiederum nur instrumentalisiert wurde. So argumentierte die Mitte-Links-Regierung, dass man Berlusconi stoppen müsse, wenn das Land in Europa wieder etwas gelten wolle. Das Mitte-Rechts-Bündnis dagegen polterte, dass ein Teil der italienischen Probleme von Brüssel verursacht worden sei. Europa an sich spielte demgegenüber so gut wie keine Rolle. Selbst im Europawahlkampf im Frühjahr 2009 änderte sich daran nichts. Italien ist so im erweiterten Europa letztlich am Rande der politischen Marginalität angelangt. Berlusconi, der haushohe Sieger bei den Wahlen vom April 2008, war nicht in der Lage, sich in Brüssel und Straßburg durchzusetzen und dort einen Italiener in einer herausgehobenen Position zu platzieren. Er hat es nicht geschafft, Mario Mauro als Präsidenten des Europäischen Parlaments zu installieren, und er zog sich kampflos zurück, als Widerstände auftauchten und als es gegolten hätte, die Kandidatur Massimo D'Alemas zum europäischen „Außenminister" energisch zu betreiben.

Es ist nun einmal eine Tatsache, dass die Italiener sich allzu gerne selbst bekriegen und darüber die wirklich wichtigen Themen aus dem Auge verlieren. Aus diesem Grund halten viele Ausländer Italien für das Land des Melodrams, was die Italiener oft als Kompliment verstehen, sich auch noch artig dafür bedanken und es in ihren Medien verbreiten. Berlusconi, ob es einem gefällt oder nicht, ist keine Ausnahme, sondern lediglich einer von vielen Protagonisten in dieser Geschichte.

Aus dem Italienischen übersetzt von Patrick Bernhard und Hans Woller.

Andrea Di Michele
Berlusconi und Putin

Motive einer Männerfreundschaft

1. Wahlverwandtschaften

Seit fast einem Jahrzehnt präsentieren sich Silvio Berlusconi und Vladimir Putin als dicke Freunde. Zwischen ihnen scheint in politischer und persönlicher Hinsicht eine so vollkommene Eintracht zu herrschen, dass sie sich gegenseitig beschenken und in ihren privaten Residenzen besuchen; auch die Familien fehlen bei diesen Anlässen nicht. Darbietungen aus 1001er Nacht mit reichlich Bauchtanz, wie Putin sie liebt, und Showeinlagen von Gauklern und Fernsehsternchen nach dem Geschmack von Berlusconi umrahmen die privaten Gipfeltreffen, die ganz im Zeichen von Unverbindlichkeit und Frivolität stehen. Nicht der Gleichklang der Ideen und politischen Interessen steht im Vordergrund, vielmehr wird ihre persönliche Freundschaft inszeniert und mit allen Mitteln der modernen Medien in die Öffentlichkeit getragen.

Dabei scheinen Berlusconi und Putin auf den ersten Blick Geschöpfe zweier Welten und zweier Kulturen zu sein; ihre politische und persönliche Geschichte könnte verschiedener kaum sein. Berlusconi, einer der reichsten Männer Italiens, ist ein erfolgreicher Unternehmer, der sein Glück mit Fernsehen, Kino und Zeitungen sowie mit Bau- und Immobiliengeschäften gemacht hat. Die politische Bühne betrat er erst relativ spät, im Vorfeld der Wahlen vom März 1994. Berlusconi ist bekannt wegen seines mitreißenden Kommunikationstalents, seines Drangs, immer im Scheinwerferlicht zu stehen, und wegen seiner ostentativen Unbescheidenheit, die sich auch in halbernsten Selbstdefinitionen äußert: Er sei der „Gesalbte des Herrn", ließ er einmal verlauten. Im Zentrum seiner politischen Stellungnahmen seit 1994 steht die fast penetrante Instrumentalisierung des Anti-Kommunismus und die Beschwörung einer ebenso vagen wie allgegenwärtigen „roten Gefahr", die es zu bannen gelte. Ganz anders Putin. Der ehemalige russische Präsident, der neuerdings als Regierungschef fungiert, erscheint reserviert, nüchtern und kontrolliert und ist ein Produkt des sowjetisch-kommunistischen Systems, dem er sechzehn Jahre lang als Geheimdienstoffizier gedient hat.

Trotz dieser Gegensätze sollte nicht übersehen werden, dass beide Männer vieles gemeinsam haben. Beide lieben es, ihre Macht zur Schau zu stellen, wobei Berlusconi auch mit seinem immensen Reichtum prunken kann. Beide sind eitel und legen Wert auf ihr Image, das nicht zuletzt auf der propagandistischen Vermarktung ihrer Physis beruht. Berlusconi brach dabei mit dem traditionellen Politikerbild, an das sich die italienische Öffentlichkeit seit langem gewöhnt und das im grauen, anonymen, fast körperlosen Christdemokraten Ausdruck gefunden hatte. Der *Cavaliere* scheute sich nicht, sich liften und die Haare transplantieren zu lassen, während Putin sich mit nacktem Oberkörper fotografieren ließ, eine Flinte in der Hand, auf der Jagd oder bei Manövern, wobei er das traditionelle Erscheinungsbild alter, meist gebrechlicher sowjetischer Apparatschiks geradezu negierte.

Beide interpretieren ihr Staatsamt auf sehr eigene Weise, sie sehen sich als Führer und unterstreichen ihre Rolle permanent. Beide setzen bei der Konsensfindung auf eine spezifische Art von nationalistischem Populismus und darauf, dass sie keine Berufspolitiker sind, was sie näher an das Volk und dessen Bedürfnisse rücken soll. Beide erblicken in der populären Legitimation einen plebiszitären Auftrag, der ihnen gestattet, die Regeln, die Praxis und die Gleichgewichte des Regierungssystems außer Kraft zu setzen.

Allergisch gegen Kritik jeglicher Provenienz, setzen beide in starkem Maße auf die Kontrolle der Medien; Putin handelt dabei viel hemdsärmeliger als Berlusconi, der freilich auch nicht zimperlich ist und sich dabei auf seine eigenen Fernsehsender und Zeitungen sowie auf die politische Kontrolle des öffentlich-rechtlichen Fernsehens stützen kann und auch vor der systematischen Schwächung und Beeinträchtigung kritischer Berichterstattung nicht zurückschreckt. Summa summarum tragen beide entscheidend dazu bei, das politische System ihrer Länder zu untergraben, was Gelehrte und Kommentatoren dazu bewogen hat, vom neuen Russland Putins als einem „Zwitter" oder als gelenkter Quasi-Demokratie[1] und vom Italien Berlusconis als einer entleerten, kranken, formalen und persona-

---

[1] Vgl. Neil Robinson, The Politics of Russia's Partial Democracy, in: Political Studies Review 1 (2003) H. 2, S. 149–166.

lisierten Mediendemokratie, ja sogar von einem Sultanat zu sprechen[2].

2. Fern von Europa in der Nähe der „Großen"

Um die Ursachen der Annäherung zwischen Putin und Berlusconi zu verstehen, muss man neben der persönlichen Ebene auch die außenpolitischen Leitlinien des italienischen Ministerpräsidenten in den Blick nehmen. Als er im Mai 1994 die Regierung übernahm, besaß er kein außenpolitisches Programm. Er hatte aber mit der *Alleanza Nazionale* und der *Lega Nord*[3] zwei Koalitionspartner, die sich durch ein beträchtliches Maß Europaskepsis auszeichneten. Der neofaschistische *Movimento Sociale Italiano*, aus dem die *Alleanza* hervorgegangen war, hatte gegen die Unterzeichnung der Verträge von Maastricht gestimmt. Die *Lega* war gegen das Europa von Brüssel als einem Hort von Bürokraten zu Felde gezogen, die nichts anderes im Sinn hätten, als das Europa der Regionen zu uniformieren und auszupressen.

Den Sieg bei den Wahlen von 1994 verdankte die Mitte-Rechts-Koalition nicht zuletzt ihrer Fähigkeit, den Verdruss und das Unbehagen über finanzielle Belastungen zu kanalisieren, die aus dem Beitritt zur Euro-Zone resultierten, und die Sorgen zu thematisieren, die mit der bangen Frage zusammenhingen, was auf Italien mit der Öffnung nach Europa und der Welt zukäme – ausländische Arbeitnehmer etwa oder ausländische Konkurrenz auf den Märkten[4].

Die kühle, distanzierte und desinteressierte Haltung Italiens gegenüber Europa und der Missmut über die Zumutungen der europäischen Integration verstärkten sich nach der Bildung des zweiten Kabinetts Berlusconi im Juni 2001[5]. Berlusconis Bündnis hatte die vorangehende Wahl nach einem erbitterten Wahlkampf gewonnen, wobei es nicht an Einflussnahmen von

---

[2] Vgl. Paul Ginsborg, Berlusconi. Ambizioni patrimoniali in una democrazia mediatica, Turin 2003, S. 7, und Giovanni Sartori, Il sultanato, Rom/Bari 2009.
[3] Zur Lega Nord vgl. Francesco Jori, Dalla Łiga alla Lega. Storia, movimenti, protagonisti, Venedig 2009.
[4] Vgl. Bruno Bongiovanni, Esteri, in: Francesco Tuccari (Hrsg.), Il governo Berlusconi. Le parole, i fatti, i rischi, Rom/Bari 2002, S. 35–55, hier S. 38.
[5] Vgl. Sergio Romano, Berlusconi's Foreign Policy: Inverting Traditional Priorities, in: The International Spectator 41 (2006) H. 2, S. 101–110.

außen gefehlt hatte. Die internationale Presse, darunter auch konservative Blätter, kritisierte das politische Profil seiner Koalition, die den Sieg davon tragen sollte. Man hielt ihm die gegen ihn anhängigen Gerichtsverfahren vor, den Interessenkonflikt als Medienmogul und Regierungschef, seine Monopolstellung im Privatfernsehen und den zweifelhaften Charakter seiner *Forza Italia* als „Ableger eines Unternehmens", der keinerlei Beziehung zu bewährten europäischen politischen Tradition habe[6]. Außerdem störte man sich an der populistischen, rassistischen und antieuropäischen Politik seiner Regierung, wobei hier vor allem die *Lega Nord* ins Fadenkreuz der Kritik geriet. So war es kein Wunder, dass sich die Europaskepsis der Mitte-Rechts-Regierung verstärkte, die Italien Stück für Stück von einem seiner außenpolitischen Fixpunkte seit Kriegsende wegführte: das uneingeschränkte Engagement für die europäische Einigung.

Hand in Hand damit verfolgten Berlusconis Kabinette eine Politik dezidierter nationaler Interessenwahrung. Hierbei setzten sie vor allem auf bilaterale Beziehungen und eine *special relationship* zu den Vereinigten Staaten, was sich nirgends deutlicher zeigte, als bei der vorbehaltlosen Unterstützung der amerikanischen Politik nach dem Terrorangriff vom 11. September 2001 – die militärischen Interventionen in Afghanistan und im Irak eingeschlossen[7]. Berlusconi hoffte damit, für sein Land jenes Gewicht zurückzugewinnen, das Italien in Europa aus unterschiedlichen Gründen verloren hatte: wegen der wirtschaftlichen, sozialen und politischen Probleme, die Italien daheim und im Ausland das Image eines verfallenden Landes eintrugen; ferner wegen der Erweiterung der Europäischen Union, die neue Protagonisten bekam, die sich auf Kosten der alten profilierten. Dazu kamen die veränderte politische Großwetterlage nach dem Ende des Kalten Krieges, das Italien seiner strategischen Rolle als Frontstaat und als Bollwerk des Westens

---

[6] Zur Forza Italia vgl. allgemein Damian Grasmück, Die *Forza Italia* Silvio Berlusconis. Geburt, Entwicklung, Regierungstätigkeit und Strukturen einer charismatischen Partei, Frankfurt a.M. 2005; zur Außen- und Europapolitik vgl. ebenda, S. 313–340.

[7] Vgl. Roberto Aliboni, La politica estera del governo Berlusconi, in: Alessandro Colombo/Natalino Ronzitti (Hrsg.), L'Italia e la politica internazionale. Edizione 2003, Bologna 2003, S. 81–91, hier S. 84; Ettore Greco, La politica estera dell'Italia, in: Alessandro Colombo/Natalino Ronzitti (Hrsg.), L'Italia e la politica internazionale. Edizione 2004, Bologna 2004, S. 49–65, hier S. 50f.

beraubt hatte[8], und schließlich die demonstrative Distanz der italienischen Politik zum Projekt Europa sowie das Misstrauen gegen Berlusconi und seine Regierung allgemein.

Die Abkehr vom europäischen Multilateralismus[9] zugunsten eines ganz auf die eigenen nationalen Interessen bedachten Bilateralismus führte freilich nicht nur zu einer *special relationship* mit Washington, sondern auch zu Sonderbeziehungen mit Moskau. Was konnte und kann es in den Augen Berlusconis für sein internationales Ansehen Besseres geben, als der bevorzugte Partner der beiden Großen der Welt zu sein oder sich gar als Vermittler zwischen ihnen zu gerieren? Da war es nicht weiter wichtig, ob ihn jemand um diese Dienste gebeten hatte oder ob diese Rolle anerkannt wurde[10] – was zählte, war, dass Berlusconi dauerhaft in seine selbst erfundene Rolle schlüpfte und dass die italienischen Medien dieses Rollenspiel mitspielten und perpetuierten.

Für Berlusconis außenpolitischen Kurs gaben in stärkerem Maße als bei früheren Regierungschefs innenpolitische Motive den Ausschlag. Wenn er sich als Moderator und „Freund von George und Vladimir" inszeniert, erreicht er eine Visibilität, die ihm hilft, den Konsens im Inneren zu stabilisieren – auch wenn vieles nur Fassade ist und nicht von mehr Einfluss im Ausland begleitet wird. Die Zurschaustellung der familiären Beziehungen, der „echten Freundschaft" mit Bush und Putin, mag naiv erscheinen, erlaubt es Berlusconi aber, den Eindruck zu erwecken, dass seine besonderen Beziehungen für Italien konkrete Vorteile abwerfen und dass es nur seiner speziellen Begabung zu verdanken sei, mit den *big players* von Du auf Du zu verkehren, wenn das internationale Gewicht Italiens zunehme.

---

[8] Ein komprimierter Überblick über die italienische Außenpolitik zwischen 1945 und 1990 findet sich bei Christian Jansen, Italien seit 1945, Göttingen 2007, S. 130-148.

[9] Vgl. hierzu auch den Beitrag von Paolo Pombeni in diesem Band.

[10] Nach den Ausführungen Charles Fergusons, Berater des amerikanischen Außenministeriums, über die Beziehungen zwischen Europa und Russland sei für eine italienische Vermittlerrolle zwischen den USA und Russland kein Platz (vgl. La Stampa vom 4.7.2009: „L'America non vuole Silvio mediatore"). In einem Interview antwortete Präsident Dmitrij Medvedev auf die Frage, ob Berlusconi der richtige Vermittler zwischen Russland und den USA sei, dass man zwar auf seine Freundschaft zähle, dies aber nicht bedeute, dass „wir mit anderen Ländern über Italien und seinen Regierungschef kommunizieren" (Corriere della Sera vom 5.7.2009: „Gli Usa non sono più intransigenti").

In diesen Rahmen sind die Erfindung der privilegierten Partnerschaft mit Moskau[11] und auch die bedingungslose Verteidigung der russischen Interessen zu stellen. Berlusconi exponiert sich hier – ohne Rücksicht auf seine europäischen Partner. Der schmerzlichste Konflikt entzündete sich an der Tschetschenienfrage, als Berlusconi als amtierender Ratspräsident im November 2003 die internationale Presse angriff, weil diese in seinen Augen die Dinge absichtlich verzerrte, als sie Russland wegen schwerer Menschenrechtsverletzungen anklagte. Berlusconi ignorierte dabei den offiziellen Protest der EU gegen das russische Vorgehen und handelte sich deshalb eine mit großer Mehrheit verabschiedete Missbilligung durch das Europaparlament in Straßburg ein – ein einmaliger Vorgang[12].

3. Italien und Russland als wirtschaftliche Partner

Aber die Beziehungen zwischen Italien und Russland gehen weit über die Männerfreundschaft zwischen Berlusconi und Putin hinaus. Unabhängig von der politischen Ausrichtung der italienischen Regierungen wurden in den letzten zehn Jahren zahlreiche Verträge mit Russland geschlossen, die sich auf Handel und Industrie ebenso bezogen wie auf Verteidigung, Wissenschaften und Kultur. Auch Staatsbesuche sahen nicht nur Berlusconi in der Rolle des Protagonisten; gleiches gilt für Romano Prodi und Staatspräsident Giorgio Napolitano.

Hinzu kommt, dass Russland für Italien ein äußerst wichtiger Handels- und Wirtschaftspartner ist. Schon zu Zeiten des Kalten Krieges unterhielt Italien ausgezeichnete Handelsbeziehungen zur Sowjetunion, wobei vor allem das russische Öl eine zentrale Rolle spielte. Nach dem Zerfall der UdSSR haben sich die Wirtschaftsbeziehungen konsolidiert. In den letzten Jahren hat der Warenverkehr in beide Richtungen stetig zugenommen. Italien ist, nach der Bundesrepublik Deutschland, den Niederlanden und China, der viertgrößte Handelspartner

---

[11] Italien wurde von Putin als „privilegierter Partner" bezeichnet. Vgl. Corriere della Sera vom 4.11.2003: „Il futuro della Russia è in Europa. L'Italia nostro partner privilegiato".
[12] Vgl. dazu Lapo Pistelli/Guelfo Fiore, Semestre nero. Berlusconi e la politica estera, Rom 2004, S. 62–76, und Francesc Morata, La presidenza italiana dell'Unione europea: un semestre „anomalo", in: Vincent Della Sala/Sergio Fabbrini (Hrsg.), Politica in Italia. I fatti dell'anno e le interpretazioni. Edizione 2004, Bologna 2004, S. 145–166, hier S. 153f.

Russlands[13]; 2003 lag es noch auf dem 13. Platz, während es sich heute anschickt, so der stellvertretende Minister für wirtschaftliche Entwicklung Adolfo Urso, den ersten Platz zu erobern[14]. Zwischen 2000 und 2007 hat der Wert der Importe aus Russland von 8,3 auf 14,3 Mrd. Euro zugenommen, die Exporte nach Russland sind von 2,5 auf 9,5 Mrd. Euro gestiegen. Die bilaterale Handelsbilanz ist somit für Italien negativ, auch wenn die Differenz sich von 5,8 auf 4,8 Mrd. Euro verringert hat[15]. Die internationale Wirtschaftskrise und die Entwicklungen auf dem Energiemarkt haben diesen Trend 2008 unterbrochen und das italienische Defizit auf 5,5 Mrd. Euro anwachsen lassen[16]. Italien exportiert nach Russland vor allem Maschinen, Bekleidung, Möbel und Schuhe, während es von dort insbesondere Energieträger wie Gas und Öl bezieht, die etwa 70 Prozent der gesamten Importe ausmachen[17]. Die Beziehungen zu Russland haben also strategische Bedeutung, weil sie die nationale Energieversorgung garantieren. Das ist auch der tiefere Grund dafür, dass alle italienischen Regierungen – gleich ob links oder rechts – eine freundschaftliche Haltung gegenüber Russland eingenommen haben und sehr zögerlich waren, wenn es um die Frage von Sanktionen gegen Moskau ging.

4. Energieabhängigkeit und parteiübergreifende Politik

Energiepolitische Abhängigkeit ist nicht das Gleiche wie Abhängigkeit bei nicht-strategischen Gütern. Ebensowenig kann Abhängigkeit von Gas mit Abhängigkeit von anderen Energie-

---

[13] Tatsächlich reiht sich Italien vor Holland ein, dessen Bedeutung aufgrund seiner Rolle als Warenumschlagplatz von der Statistik überbewertet wird. Vgl. den Bericht des Instituts für Außenhandel und des Außenministeriums: Federazione Russa, Aggiornamento al 2° semestre 2008, S. 9f.; www.ice.it/paesi/pdf/russia.pdf.
[14] Vgl. Federazione Russa, hrsg. von der Fondazione Centro per lo sviluppo dei rapporti Italia Russia, 2008, S. 13; www.fondazione-italiarussia.it/attachments/244_01.%20Scheda%20Paese%20Russia.pdf.
[15] Vgl. Eurussia Forum, The Bilateral Relations of EU Member States with Russia, December 2008, auszugsweise abgedruckt in: Herald of Europe Nr. 5/6 (2009), S. 22–41, insbesondere S. 30ff.
[16] Vgl. Institut für Außenhandel, Büro Moskau: Analisi della congiuntura economica e dell'interscambio commerciale nel 2008, S. 8; www.ice.it/informazioni/newsletter/web/2009_Aprile/nota_congiunturale.pdf.
[17] Vgl. Eurussia Forum, The Bilateral Relations of EU Member States with Russia.

trägern wie etwa Öl gleichgesetzt werden. Der Transport von Gas erfolgt vor allem über Fernleitungen, nur 25 Prozent werden von Schiffen transportiert, was sehr viel kostspieliger ist. Das bedeutet, dass der Markt stabiler und berechenbarer ist. Er ist an die Existenz von Gaspipelines gekoppelt, deren Bau großes finanzielles Engagement erfordert. Gas zu kaufen, ist deshalb nicht mit dem Kauf von Öl auf dem internationalen Markt zu vergleichen. Das Gasgeschäft setzt langfristige bilaterale Abkommen voraus; oder anders gesagt: Man steckt nur dann viel Geld in den Bau von Fernleitungen, wenn gleichzeitig Abkommen geschlossen werden, die zwei Partnerländer auf lange Sicht binden und natürlich auch eine politische Dimension haben, die auf das importierende Land nicht ohne Wirkung bleiben kann. Es ist faktisch gezwungen, ausgezeichnete Beziehungen mit den Lieferländern zu unterhalten; im Falle Italiens sind das Russland, Algerien, Libyen und Norwegen. Mit Libyen wurde beispielsweise am 30. August 2008 in Bengasi ein Freundschaftsvertrag abgeschlossen, der für Italien beträchtliche Lasten mit sich bringt. Vor diesem Hintergrund wird besser verständlich, warum Berlusconi am 1. September 2009 Muammar al-Gaddafi mit einer besonderen Geste zum 40. Jahrestag seiner Machtergreifung gratulierte und die Kunstflugstaffel der italienischen Luftwaffe, die berühmten *Frecce tricolori*, zu einer Vorführung nach Tripolis schickte[18].

Was die italienisch-russischen Beziehungen angeht, so sind die *Ente Nazionale Idrocarburi* (ENI) und der Staatskonzern *Gazprom*, der größte Gaslieferant der Welt, in den letzten Jahren eine besondere Art von Kooperation eingegangen, die man mit Fug und Recht als strategisch bezeichnen kann und die die ENI zum wichtigsten Handelspartner von *Gazprom* macht. Im November 2006 haben beide Partner eine langfristige Allianz geschlossen, die zahlreiche gemeinsame Projekte auf dem Gassektor vorsieht – von der Gewinnung über den Transport durch Pipelines, die Vermarktung bis hin zur technologischen Zusammenarbeit.

In den letzten Jahren hat die ENI durch ihre Tochter *Saipem* das Teilstück der Fernleitung *Blue Stream* durch das Schwarze Meer gebaut, die Russland mit der Türkei verbindet. 2007 hat die ENI mit *Gazprom* einen Vertrag abgeschlossen, der den Bau

---

[18] Vgl. Roberto Aliboni/Natalino Ronzitti, L'Italia e il Mediterraneo, in: Gianni Bonvicini/Alessandro Colombo (Hrsg.), L'Italia e la politica internazionale. Edizione 2009, Bologna 2009, S. 103–116.

einer neuen, technisch äußerst anspruchsvollen Gaspipeline – *South Stream* – vorsieht, die unter dem Schwarzem Meer nach Bulgarien führen und dann in zwei Strängen im Nordwesten Rumänien, Ungarn, die Tschechische Republik und Österreich sowie im Südwesten Griechenland und Italien erreichen soll.

South Stream ist integraler Bestandteil der russischen Strategie, Europa unter Umgehung der widerspenstigen Ukraine mit Erdgas zu beliefern und damit die Abhängigkeit des alten Kontinents von den Rohstofflieferungen Moskaus weiter zu erhöhen. Dieses Vorhaben konkurriert offen mit dem Projekt „Nabucco", das die Europäische Kommission initiiert hat und das von den Vereinigten Staaten unterstützt wird. „Nabucco" steht für den Bau einer Ferngasleitung durch europäische Konsortien, die durch die Türkei führen und das russische Monopol unterlaufen soll, weil es die Versorgung Südosteuropas durch Erdgas aus dem Kaukasus, aus dem Persischen Golf und dem Mittleren Osten sicherstellen würde. Ziel ist es, die Energieversorgung Europas zu diversifizieren und sich wenigstens partiell von der Abhängigkeit von Russland zu lösen[19].

Die italienische Politik hat in Europa und in den Vereinigten Staaten großen Unmut hervorgerufen[20]. Kritisiert werden generell die viel zu engen Beziehungen zu Putins Russland, die Italien von Europa und von den Vereinigten Staaten zu entfernen drohten, in Sonderheit aber stößt man sich an der Energiepolitik Italiens, die es – wie vor allem das Beispiel *South Stream* zeige – Europa unmöglich mache, sich künftig russischen Erpressungsversuchen zu entziehen, und Italien in immer größere Abhängigkeit von russischem Gas führe. Der Vertrag über den Bau von *South Stream* beweist erneut, dass die Beziehungen zwischen Russland und Italien nicht nur vom politisch-persönlichen Einvernehmen zwischen Berlusconi und Putin geprägt sind.

Der Vertrag wurde im November 2007 von Paolo Scaroni unterzeichnet, als in Rom noch eine Mitte-Links-Regierung

---

[19] Ein vollständiger Überblick über die bestehenden und geplanten Erdgaspipelines findet sich bei Giuseppina Di Napoli/Luisa Pezone/Adolfo Senatore, La questione energetica e le relazioni Russia – UE, Fondazione Mezzogiorno Europa, o.O. (Neapel) o.J. (2008), S. 66–85.
[20] Vgl. Financial Times vom 25.6.2009: „Indispensable ally tests patience of US and EU"; La Stampa vom 17.8.2009: „Italia e Eni troppo amiche della Russia".

amtierte. Der Bevollmächtigte der ENI hatte dafür den Segen des eigens nach Moskau gereisten Ministerpräsidenten Romano Prodi und seines Ministers für wirtschaftliche Entwicklung, Pierluigi Bersani, erhalten. Bersani – heute Chef des *Partito Democratico* – bezeichnete das Vertragswerk sogar als „strategisches Projekt für die Energiesicherheit Italiens und Europas"[21]. Unter Prodi gingen die Energiekonzerne ENI und ENEL übrigens trotz großer Vorbehalte Washingtons auch auf das russische Angebot ein, Anteile des Erdöl- und Petrochemiekonzerns Yukos zu erwerben, der nach der Verhaftung des Putin-kritischen Magnaten Michail Chodorkowski in die Insolvenz getrieben worden war. Italienische (Staats-)Unternehmen beteiligten sich so mit 5,8 Mrd. Dollar an einer Operation, die nicht zuletzt den politischen Zielen des Kreml diente.

5. Schlussbemerkungen

Auf der Suche nach den Ursachen der Affinität zwischen Berlusconi und Putin muss man schließlich auch einen Aspekt betrachten, der auf die für Berlusconi typische Gemengelage von politischen Entscheidungen und unternehmerischen Privatinteressen verweist. Verdachtsmomente dieser Art wurden bereits mit Blick auf die „Gaddafi-Berlusconi Connection" geäußert, die in den Augen kritischer Beobachter ihre Basis in engen wirtschaftlichen Beziehungen zum beiderseitigen persönlichen Vorteil haben soll[22]. Ähnliche Bemerkungen hört man über Berlusconi und Putin. Zbigniew Brzeziński, Sicherheitsberater von Jimmy Carter und – neuerdings – gern gesehener Ratgeber von Barak Obama, wird so zitiert, diplomatische Kreise in Washington hieben in dieselbe Kerbe[23].

Darüber hinaus gab es Stimmen, die behaupteten, der rasch expandierende, aber politisch streng kontrollierte Medienmarkt in Russland werde das nächste Ziel Berlusconis sein, der sich dabei seine privilegierten Beziehungen zu Putin zu Nutze

---

[21] La Repubblica vom 19.1.2008: „Accordo tra Eni e Gazprom via al gasdotto del Sud Europa".
[22] The Guardian vom 4.9.2009: „The Gaddafi-Berlusconi Connection".
[23] Vgl. das Interview von Maurizio Molinari mit Brzeziński („L'Occidente deve armare la Georgia") in La Stampa vom 13.9.2008. Von gut getarnten Privatinvestitionen im Immobilien- und Versicherungssektor als Motiv für viele Moskau-Reisen während der Regierungszeit Berlusconis sprach Andrea Greco; vgl. La Repubblica (Affari e finanza) vom 5.5.2008: „Benvenuti a Berlusconigrad".

machen könne[24]. Schließlich wurde die Zusammenarbeit zwischen Berlusconi und Bruno Mentasti bekannt. Der Unternehmer sollte nach einem geplanten Vertrag zwischen der ENI und *Gazprom*, der dazu gedacht war, dem Gasgiganten den italienischen Markt zu öffnen, im Auftrag des Moskauer Konzerns für das Gasgeschäft in Italien zuständig sein[25]. Diese Pläne zerschlugen sich zwar nach der Wiederwahl Prodis 2006 und dem Veto des für Energiefragen zuständigen Kartellamts. 2007 eroberte *Gazprom* den Markt dann auf anderen Wegen.

Ob es sich in diesen Fällen um begründete Anschuldigungen oder um haltlose Behauptungen handelt, ist – alles zusammen genommen – gleichgültig, denn aufgrund seiner weit gespannten wirtschaftlichen Interessen in vielen Ländern lassen sich Entscheidungen des Regierungschefs in Italien wie im Ausland fast immer auf persönliche Motive zurückführen. Das schadet Berlusconis Glaubwürdigkeit und der seines Landes, ganz gleich, wie die wirklichen Absichten des Ministerpräsidenten aussehen mögen.

Zusammenfassend kann man sagen, dass die in den letzten zehn, fünfzehn Jahren entstandenen bilateralen Beziehungen zwischen Italien und Russland in dem Maße enger geworden sind, in dem sich die Energieabhängigkeit Italiens von seinem östlichen Partner verstärkt hat. Dabei muss offen bleiben, ob die italienischen Regierungen diese Art der Energie- und Außenpolitik bewusst verfolgt haben, die Italien an die Seite Moskaus zwingt und das Land gleichzeitig in Europa marginalisiert, oder ob diese Weichenstellungen auf die Initiative des größten italienischen Konzerns zurückgehen – der ENI, die auf dem globalen Markt agiert, in transnationale Netzwerke eingebunden und neuerdings aufs Engste mit *Gazprom* verwoben ist, so dass sie eigene Ziele verfolgt, die nicht notwendig mit denen der Regierung in Rom identisch sind.

Wenn nicht alles täuscht, knüpft die ENI an eine von Enrico Mattei begründete Tradition an. Der 1962 unter mysteriösen Umständen ums Leben gekommene Chef der AGIP und der ENI stand für eine eigenständige Energie- und damit auch für eine eigenständige Außenpolitik. Damit aber gehört der Kon-

---

[24] Vgl. Giuseppe Giulietti, Lo squalo in acque italiane, in: La rivista del manifesto Nr. 43 vom Oktober 2003.
[25] Vgl. Il Sole 24 Ore vom 4.11.2005: „Segreti e dubbi dell'affare Gazprom-Eni"; Corriere della Sera vom 19.10.2005: „Gazprom allo scoperto: in Italia cresceremo ancora".

zern zu den zahlreichen Akteuren – der Ministerpräsident, das Staatsoberhaupt, das Außenministerium und bestimmte Fachressorts, der Unternehmerverband *Confindustria* und so weiter –, die um die Formulierung der italienischen Außenpolitik ringen und dabei nur selten einen gemeinsamen Nenner finden. Es fehlt ein koordinierendes Zentrum, das für eine einheitliche Linie sorgen könnte[26]. Dieses Grundproblem besteht auch in der Ära Berlusconi fort.

Aus dem Italienischen übersetzt von Thomas Schlemmer und Hans Woller.

---

[26] Vgl. Elisabetta Brighi, La politica estera dell'Italia, in: Alessandro Colombo/Natalino Ronzitti (Hrsg.), L'Italia e la politica internazionale. Edizione 2006, Bologna 2006, S. 99–110, hier S. 108ff.

Chiara Saraceno
Worte statt Taten
Familienpolitik in Berlusconis Italien

1. Familienpolitik – eine Randnotiz der italienischen Geschichte

Dass die Regierung Berlusconi keine Familienpolitik betreibt, ist in der neueren italienischen Geschichte keine Besonderheit. Im Gegenteil: Die Mitte-Rechts-Koalition steht in einer geradezu paradoxen Tradition, denn seit 1945 hat keine Regierung, ganz gleich welcher politischer Couleur, eigene Konzepte zur Förderung von Familien entwickelt[1]. Familienpolitik war in der zweiten Hälfte des 20. Jahrhunderts stets ein randständiges Phänomen. Lediglich in der ersten Amtszeit von Romano Prodi (1996 bis 1998) schafften es die Familien auf die politische Agenda. Wichtige Gesetzesvorhaben wie das Gesetz 285/2000, das den Aufbau sozialer Dienste für Kinder und Jugendliche vorsah, und das Gesetz 328/2000 über die Reform des Elternurlaubs fielen in diese Zeit. Die Elternzeit wurde seitdem flexibler gehandhabt; erstmals konnten auch erwerbstätige Väter einen Anspruch geltend machen. Letztlich blieb diese Flexibilisierung aber ein familienpolitisches Intermezzo. Nicht einmal alle Regierungsmitglieder unterstützten die Neuerungen. So befasste sich die Onofrio-Kommission, die Vorschläge zur Reform des italienischen Sozialstaats entwickeln sollte, nicht mit familienpolitischen Fragen. Die zweite Regierung Prodi (2006 bis 2008), die intern gespalten und politisch kaum handlungsfähig war, kümmerte sich fast gar nicht mehr um die Belange der Familien. Über diese Tatsache vermag auch die Schaffung eines eigenen Familienministeriums nicht hinwegzutäuschen; der zuständige Minister blieb nämlich ohne Geschäftsbereich[2].

---

[1] Vgl. Chiara Saraceno, Mutamenti della famiglia e politiche sociali in Italia, Bologna 2003.
[2] Vgl. Chiara Saraceno, Le politiche della famiglia, in: Luciano Guerzoni (Hrsg.), La riforma del welfare. Dieci anni dopo la „Commissione Onofri", Bologna 2008, S. 399–418.

Das bedeutet aber nicht, dass für Familien nichts getan würde und dass lediglich Stagnation zu beklagen sei[3]. Mutterschaftsurlaub etwa hat in Italien eine lange Tradition und ist, was Dauer und Höhe der Ansprüche anbelangt, sogar großzügiger geregelt als in den meisten anderen europäischen Staaten. So beziehen Mütter in Italien über fünf Monate ein Mutterschaftsgeld von mindestens 80 Prozent ihres früheren Gehalts. Anfangs beschränkt auf erwerbstätige Frauen in regulären Vollzeitjobs, wurde die Mutterschaftshilfe später auch auf Selbstständige und Frauen in zeitlich befristeten Arbeitsverhältnissen ausgeweitet. Eine weitere wichtige Veränderung bestand in der Einführung des Elternurlaubs in den 1970er Jahren, den auch Väter seit 1979 in beschränktem, ab 2000 dann in vollem Umfang in Anspruch nehmen durften. Lange Zeit waren die Konditionen in gewisser Hinsicht sogar günstiger als in Deutschland: Eltern hatten einen Anspruch auf eine zehnmonatige Freistellung und erhielten immerhin 30 Prozent des früheren Gehalts. Dies galt für alle abhängig Beschäftigten in einem regulären Arbeitsverhältnis ohne Ansehen des Einkommens. Da in Italien aber viele junge Menschen und Frauen jeden Alters in befristeten oder prekären Arbeitsverhältnissen beschäftigt sind, wären hier Reformen nötig, um die staatlichen Leistungen auch ihnen zukommen zu lassen; schließlich sind sie in dem Alter, in dem gemeinhin Kinder geboren werden.

Zwar ist der Anspruch auf Mutterschafts- beziehungsweise Elternurlaub nicht nur in Italien an die Erwerbstätigkeit der Eltern gebunden. Allerdings sind in kaum einem anderen Land die Zahlungen derart eng an abhängige Beschäftigungsverhältnisse und geringfügige Einkommen gekoppelt: Das Familieneinkommen muss zu 70 Prozent aus nichtselbstständiger Beschäftigung stammen und darf eine gewisse, an der Größe der Familie orientierte Höhe nicht überschreiten. Die italienische Familienpolitik ist somit Unterstützungspolitik für Geringverdiener, sofern diese in einem abhängigen Beschäftigungsverhältnis stehen. Sie trägt weder den faktischen Kosten für Kinder Rechnung, noch ist sie gegen echte Armut gerichtet, denn nur Beschäftigte haben Anspruch auf staatliche Unterstützung, Arbeitslose hingegen nicht. Von Armut betroffene Familien ohne eigenes Einkommen bleiben somit weitgehend

---

[3] Vgl. Manuela Naldini/Chiara Saraceno, Social and family policies in Italy: not totally frozen but far from structural reforms, in: Social Policy & Administration 42 (2008), S. 733–748.

auf sich allein gestellt, sieht man von den Leistungen auf regionaler und kommunaler Ebene einmal ab.

Sozialstaatliche Leistungen wie soziale Dienste für Kleinkinder und gebrechliche alte Menschen fallen nahezu ausschließlich in die Kompetenz der Gemeinden. Im Unterschied etwa zum Gesundheitswesen macht der Staat weder gesetzliche Vorgaben über einzuhaltende Standards noch beteiligt er sich an den finanziellen Zuwendungen. Die Verfassungsreform von 2001 hat die Autonomie der politischen Peripherie – und hier vor allem der Regionen – sogar noch gestärkt, so dass diese etwa auch den Umfang der angebotenen Leistungen selbst bestimmen können. Im Prinzip müsste die Staat-Regionen-Konferenz Mindeststandards für Hilfsleistungen definieren, auf deren Basis dann die finanzielle Verantwortung des Staates festzulegen wäre. Solche Festlegungen gibt es jedoch nicht. Gravierende Unterschiede zwischen den Regionen und Gemeinden in puncto Qualität und Versorgungsanspruch von hilfsbedürftigen alten Menschen und Kleinkindern sind die unausweichliche Folge; offensichtlich gilt hier das Prinzip des *cuius regio eius religio*. Die Frage der Zuwendungen für Kleinkinder wird mittlerweile öffentlich diskutiert und von Zeit zu Zeit auch in der Politik thematisiert. Dazu trägt sicher bei, dass inzwischen auch in Italien die Mehrzahl der Frauen mit Kindern im Vorschulalter vollzeitbeschäftigt ist. Ganz anders sieht es dagegen bei pflegebedürftigen alten Menschen aus. Ihnen stehen zwar finanzielle Hilfen zu, aber nur dann, wenn sie vollständig pflegebedürftig sind. Sie haben aber keinen Anspruch auf persönliche Pflege und Betreuung, selbst wenn diese Dienstleistungen vor Ort angeboten werden[4]. Als Konsequenz daraus hat sich in Italien ein neuer Markt für häusliche Altenpflege etabliert. Migrantinnen, die zumeist ohne regulären Arbeitsvertrag und damit auch ohne Ansprüche auf Sozialleistungen beschäftigt werden, bedienen die starke Nachfrage nahezu vollständig.

Grafik 1[5] dokumentiert öffentliche Ausgaben für Kinder in Italien im Vergleich mit den diesbezüglichen Leistungen anderer europäischer Staaten; Italien schneidet dabei eher schlecht ab.

---

[4] Vgl. Francesca Bettio/Annamaria Simonazzi/Paola Villa, Change in care regimes and female migration: The „care drain" in the Mediterranean, in: Journal of European Social Policy 16 (2006), S. 271–285.
[5] Aufgrund der unterschiedlichen Verhältnisse in den EU-Staaten basiert der Vergleich auf Durchschnittszahlen. Die Höhe der Aufwendungen

Grafik 1: Finanzielle Zuwendungen für Familien mit Kindern

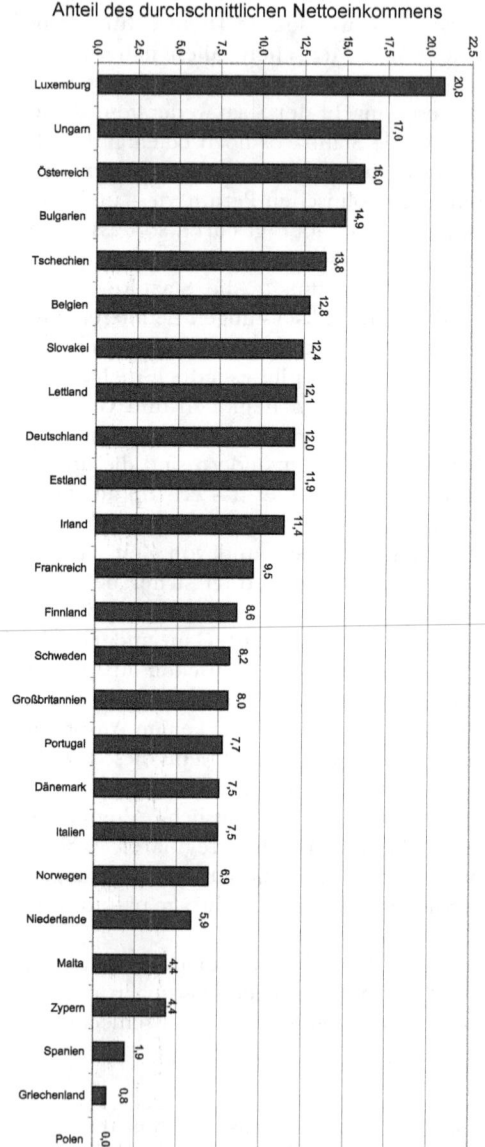

Quelle: Projekt Multilinks nach Daten von Eurostat.

Hinzu kommt, dass der Staat Familien mit Kindern im Vorschulalter weitgehend im Stich lässt. Es bestehen zwar starke regionale Unterschiede, klar ist aber, dass häusliche Erziehung (hauptsächlich von Kindern unter drei Jahren) in Italien besonders groß geschrieben wird. Die Betreuung des Nachwuchses liegt häufig bei den Großeltern; ohne diese generationsübergreifende Unterstützung könnten viele junge italienische Mütter Kind und Beruf nicht miteinander vereinbaren.

Nicht viel besser steht es bei Hilfen der öffentlichen Hand für pflegebedürftige ältere Menschen, wie Grafik 2 zeigt. Die Daten zur Pflege alter Menschen sind lückenhaft und disparat, was auch daran liegt, dass die genaue Zahl der teilweise oder völlig pflegebedürftigen Personen (der Status wird in den EU-Ländern unterschiedlich definiert) nicht immer bekannt ist. Grafik 2 vermittelt somit nur ein ungefähres Bild von der Zahl älterer Menschen über 65 Jahre, die zu Hause oder in Pflegeheimen und anderen sozialen Einrichtungen betreut werden. Zu beachten ist, dass in den letzten Jahren in allen EU-Staaten nicht nur die Betreuungsdienste für ältere Menschen stark ausgebaut, sondern zunehmend auch verschiedene Formen von Geld-für-Pflege eingeführt wurden. Auch auf diesem Feld rangiert Italien im internationalen Vergleich auf einem der unteren Plätze. Die Pflege liegt zu einem großen Teil bei den Familien oder muss auf dem freien Markt organisiert werden.

Ergänzt man diese mißlichen Umstände noch um die Tatsache, dass der soziale Wohnungsbau und die Sozialversicherung vor allem junge Menschen benachteiligt und sie in jahrelange Abhängigkeit von ihren Eltern bringt, wird eines überdeutlich: Der italienische Sozialstaat basiert zu einem ganz erheblichen Maß auf dem Prinzip der Familiensolidarität[6]. Das hat Folgen nicht nur für die Lebenschancen von Männern und Frauen innerhalb und außerhalb der Familien. Die dadurch beförderte soziale Ungleichheit wirkt sich auch auf die Gesellschaft als

---

wurde errechnet aus den direkten und indirekten Zuwendungen, die a) eine Familie mit zwei Kindern mit einem Einkommen erhält, das 133 Prozent über dem Durchschnittseinkommen liegt, sowie die b) eine Familie bekommt, die keine Kinder hat. Im italienischen Fall stammen die Einkommen überwiegend aus abhängiger Beschäftigung. Es fehlen Daten für Rumänien, Slowenien und Litauen.

[6] Vgl. Massimo Livi Bacci, Avanti, giovani. Alla riscossa, Bologna 2008; Naldini/Saraceno, Social and family policies in Italy; Daniela Del Boca/Alessandro Rosina, Famiglie sole. Sopravvivere con un welfare inefficiente, Bologna 2009.

Grafik 2: Anteil der älteren Menschen, die Zuschüsse der öffentlichen Hand zur stationären oder ambulanten Pflege erhalten, in Relation zur Bevölkerung, die älter als 65 Jahre ist

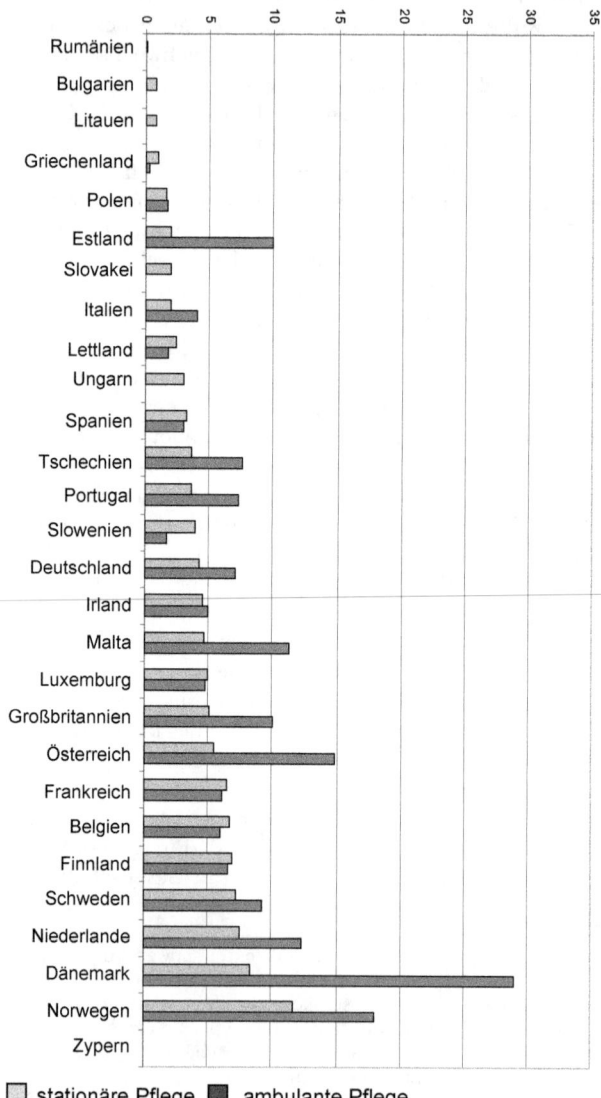

Quelle: Projekt Multilinks auf der Basis einer Vielzahl von Quellen.

Ganzes aus, denn die soziale oder geschlechtliche Diskriminierung reproduziert sich von Generation zu Generation.

Es gibt viele Gründe für die permanente Marginalisierung der Familienpolitik in Italien: Bis in die 1980er Jahre scheute man sich, hier neue Akzente zu setzen, um nur ja nicht in die Nähe faschistischer Praktiken gerückt zu werden. Als besonders anrüchig galten die pronatalistischen Maßnahmen des Regimes, die eine Hebung der Geburtenrate bewirken und Italien so in die Lage versetzen sollten, ein Imperium zu erobern, sowie die penetrante politische Instrumentalisierung der Familien, die ganz in den Dienst der Perpetuierung faschistischer Werte und Weltanschauungen gestellt wurden. Die Konsequenz war, dass Artikel 29 der neuen demokratischen Verfassung von 1948 keinen Zweifel daran ließ, dass der Staat die Familie als „natürliche, auf die Ehe gegründete Lebensgemeinschaft" zu schützen habe. Obwohl diese Bestimmung heute gerne von Gegnern gleichgeschlechtlicher Partnerschaften ins Feld geführt wird, um ihre Position zu untermauern, kann niemand darüber hinwegsehen, dass die Verfassungsväter vor allem den Schutz der Familie vor staatlichen und politischen Eingriffen im Auge hatten; hier liegt übrigens eine bemerkenswerte Parallele zum Grundgesetz der Bundesrepublik Deutschland[7]. Dass Artikel 29 im Laufe der Geschichte eher dazu benutzt wurde, alternative Formen von Familie zu delegitimieren als konkrete Hilfsprogramme für traditionelle Familien zu begründen, hat aber auch damit zu tun, dass man weiblicher Erwerbstätigkeit lange Zeit skeptisch gegenüberstand. Italien war ein Land mit niedriger männlicher Erwerbsquote, das seit jeher auf finanzielle Transferleistungen setzte und die Infrastruktur für staatliche Dienstleistungen vernachlässigte. Weibliche Berufstätigkeit galt in dieser Perspektive als Verlustgeschäft, weil sie die unbezahlten familiären und nachbarschaftlichen Hilfen und damit das ganze Unterstützungssystem gefährdete.

Auch die bewährte, in vielerlei Hinsicht unumgängliche Familiensolidarität hat dazu beigetragen, die Nachfrage nach sozialen Dienstleistungen gering zu halten. Hier scheint sich allerdings angesichts der fortschreitenden Überalterung der Gesellschaft eine Trendwende anzubahnen. Die Solidarität in

---

[7] Vgl. dazu Ilona Ostner/Chiara Saraceno, Keine Arbeit, keine Kinder, keine Lösung? Italien und Deutschland in vergleichender Perspektive, in: Bruno Cattero (Hrsg.), Modell Deutschland – Modell Europa. Probleme, Perspektiven, Opladen 1998, S. 183–205.

den Familien ist – nicht zuletzt aufgrund der demographischen Wende – auch in Italien neuen Belastungen ausgesetzt, wie die wachsende Bedeutung von Immigrantinnen auf dem Feld der Altenpflege zeigt. Schließlich darf nicht vergessen werden, dass die Familie seit der Staatsgründung ein heftig umkämpftes Streitobjekt zwischen Kirche und Staat war. Was ist eine Familie, welche familiären und sexuellen Gepflogenheiten sind sozial akzeptabel? Wer ist berechtigt, darüber zu richten? Diese Fragen sind seit Anfang der 1990er Jahre brennender geworden. Das lag an der Pluralisierung der familiären Lebensstile, aber auch an den Fortschritten in der Reproduktionsmedizin, die bisher unbekannte ethische Fragen aufgeworfen haben.

Die Familie ist mithin Gegenstand einer öffentlichen Debatte geworden, die ebenso großes Mobilisierungspotential besitzt wie ähnliche Auseinandersetzungen in den 1970er Jahren, als zunächst das Recht auf Scheidung und dann das Recht auf Abtreibung durchgesetzt wurden. Die Sensibilität des Themas hat Lösungen freilich eher erschwert. Staat und politische Parteien haben sich hier ja nicht nur mit der katholischen Kirche als steinernem Gast auseinanderzusetzen. Im Sozialstaatsmodell, das sich in Italien in der zweiten Hälfte des 20. Jahrhunderts herausgebildet hat, gibt es für sie in Gestalt der Gewerkschaften einen weiteren einflussreichen Gegenspieler. Die Gewerkschaften vertreten vor allem die Interessen der abhängig Beschäftigten, die ihrerseits im Zentrum des Arbeitsmarkts stehen. Obwohl der Feminismus mittlerweile auch die Gewerkschaften erreicht hat, spielen Fragen wie Gleichberechtigung und Gleichstellung nur eine untergeordnete Rolle. Auch die verlängerte Abhängigkeit junger Erwachsener von ihren Eltern wird kaum thematisiert. Weil die Gewerkschaften darüber hinaus ihre Kernklientel auch dann unterstützen, wenn sie bereits Rente beziehen, sind sie verständlicherweise an einer Umverteilung der Sozialasten zum Nachteil der Rentner und zugunsten von Familien wenig interessiert.

2. Berlusconi und der „Schutz der Familie"

Die staatliche Untätigkeit in der Familienpolitik, die auch die Ära Berlusconi kennzeichnet, ist umso bedenklicher, als in den letzten Jahren tiefgreifende Veränderungen in der Gesellschaft zu beobachten sind. Zu nennen sind hier vor allem die wachsende Zahl berufstätiger Frauen und die zunehmende Überalterung der Bevölkerung. Berlusconi antwortete darauf mit einem dreifachen Widerspruch zwischen Anspruch und Wirklichkeit, der zum Signum seiner Familienpolitik geworden ist[8].

Da ist erstens die Tatsache, dass die Regierung Berlusconi zwar immer den „Schutz der Familie" predigte, über bloße Worte aber nie hinauskam. Das Hohelied auf den Wert der traditionellen Familie diente zumeist politischen Propagandazwecken, etwa wenn es darum ging, sich der Unterstützung der katholischen Kirche zu versichern. Besonders deutlich wurde das in der Diskussion um Homosexualität oder in der Debatte um die Bedeutung der Ehe als der angeblich einzig legitimen Basis der Familie. Dabei verbinden sich zuweilen Bevölkerungs- und Ausländerpolitik, da sogar Einwanderern mit Aufenthaltsgenehmigung staatliche Leistungen vorbehalten bleiben, die eingeführt wurden, um die Zahl der Geburten zu erhöhen.

Daran schließt sich der zweite Widerspruch an: Trotz der Betonung des Werts der Familie für die Gesellschaft kann die Regierung nicht einmal mit brauchbaren Förderinstrumenten für traditionelle Familien aufwarten: Allgemeine Zulagen für Familien mit Kindern existieren nicht, die finanzielle Unterstützung für den bezahlten Elternschaftsurlaub blieb eingefroren, Steuerreformen brachten keine Entlastung. Stattdessen hat die Regierung Berlusconi mit zahlreichen Gesetzen auf geradezu obsessive Weise in die Intimsphäre und die persönlichen Freiheiten der Italiener eingegriffen: bei der Frage der künstlichen Befruchtung ebenso wie bei der Abtreibung und der Sterbehilfe.

Schließlich gibt es drittens einen tiefgreifenden Widerspruch zwischen den Versprechungen vor der Wahl und der Politik danach. Berlusconi hatte im vergangenen Wahlkampf zwar feierlich verkündet, dass Italien binnen kurzem mit einer Kehrtwende in der Steuerpolitik rechnen könne und dass nach dem Vorbild des französischen Familienquotienten nicht mehr der Einzelne, sondern die Familie zur Bemessungsgrundlage würde. Bisher sind diese Versprechungen allerdings nur gebetsmühlenartig wiederholt, aber nicht einmal ansatzweise realisiert worden. Dabei fürchtet die Regierung weniger negative Auswirkungen auf die Frauenerwerbstätigkeit als hohe Kosten in der Form

---

[8] Ein Überblick über die Entwicklung der Sozialpolitik und die soziale Lage in Italien findet sich bei Maurizio Ferrera, Le politiche sociali. L'Italia in prospettiva comparata, Bologna 2006. In deutscher Sprache zu empfehlen: David Natali, Rekalibrierung von Sozialprogrammen und Flexibilisierung der Arbeitsmarktpolitik: Das italienische Wohlfahrtssystem, in: Klaus Schubert/Simon Hegelich/Ursula Bazant (Hrsg.), Europäische Wohlfahrtssysteme. Ein Handbuch, Wiesbaden 2008, S. 333–353.

ausbleibender Steuereinnahmen. Paradoxerweise blieb so ein Steuersystem unangetastet, das seine eigentlichen Träger, die Familien, besonders stark belastet.

Diesen Widersprüchen stehen zwei Initiativen gegenüber, die man zumindest vordergründig unter Familienförderung rubrizieren kann: die Abschaffung der Gemeindesteuer auf den Hauptwohnsitz in Privateigentum und die Legalisierung des Aufenthalts von ausländischen Haushaltshilfen, Kindermädchen und Pflegekräften. Bei der Steuerbefreiung setzte Berlusconi den Kurs der Vorgängerregierung Prodi fort, die allerdings nur Familien mit geringem Einkommen begünstigt hatte. Berlusconi ging es aber gerade nicht um Umverteilung, denn der Steuerfreibetrag wurde nicht an den Wert der Immobilie gekoppelt und die Größe der Wohnung nicht mit der Zahl der Bewohner in Beziehung gesetzt. Letztlich wurden damit alle über einen Kamm geschoren, wobei die Besitzer großer Immobilien am meisten profitierten.

Auf der anderen Seite mussten die Gemeinden durch den Wegfall der Steuer beträchtliche finanzielle Einbußen verkraften und waren deshalb nicht mehr in der Lage, die üblichen Familienhilfen – vor allem die Unterstützung von Kindern und älteren Menschen – in der alten Höhe aufrechtzuerhalten. Zwar hatte der Staat versichert, die Einbußen der Kommunen durch Ausgleichszahlungen zu kompensieren. Diese Ankündigung blieb jedoch wegen strapazierter Kassen ein leeres Versprechen und provozierte deshalb heftige Beschwerden und Demonstrationen des italienischen Gemeindetags, die allerdings zu keinem Sinneswandel führten. Den Familien wurde also auf der einen Seite etwas gegeben, auf der anderen Seite aber gleich viel genommen. Das Nachsehen aber hatten wieder einmal Familien mit geringeren Einkommen beziehungsweise Familien mit kleinen Kindern oder unterhaltspflichtigen Jugendlichen; bei ihnen fällt die Bilanz letztlich sogar negativ aus.

Die Maßnahmen zugunsten ausländischer Haushaltshilfen, Kindermädchen und Pflegekräfte wurden 2009 im Rahmen einer Verschärfung des Einwanderungsgesetzes ergriffen. Hier handelt es sich um Familienpolitik *sui generis*, die allerdings erst auf massiven Druck der Öffentlichkeit initiiert wurde: Viele Italiener sahen in der Beschäftigung ausländischer Hilfskräfte die einzige Möglichkeit, ihre pflegebedürftigen Angehörigen zu Hause zu versorgen, und erhoben Protest, als eine neue Rechtslage diese Möglichkeit zu verbauen drohte. Mit Erfolg – die Familien, die unter der Hand ausländische Pflegekräfte beschäftigten, konnten diese nicht selten ohne Aufenthaltsgenehmigung im Land lebenden Personen nun regulär anstellen. Die Kosten für die Legalisierung müssen freilich die Familien tragen, und sie sind es auch, die Intensität und Qualität der Dienstleistungen zu kontrollieren haben. Aufgrund der hohen Kosten und einiger Besonderheiten der Legalisierung, die letztlich nur dauerhaft bei einer Familie tätigen Ausländerinnen offensteht, hat sich bisher anscheinend nicht einmal die Hälfte der illegal arbeitenden ausländischen Haushaltshilfen bei den Behörden gemeldet[9]. Die Frage der illegalen Beschäftigungsverhältnisse ist damit ebenso wenig gelöst wie die der Familienlasten.

Schließlich verstößt eine Initiative der Regierung Berlusconi eindeutig sowohl gegen das Vorhaben, Familie und Beruf unter einen Hut zu bringen, dem sie sich unter Beachtung europäischer Kriterien selbst verschrieben hat, als auch gegen den Vorsatz, gleiche Lebenschancen für Kinder und Jugendliche zu schaffen, unabhängig von ihrer sozialen Herkunft und ihrem Wohnort. So ist die Unterrichtszeit an italienischen Grundschulen verkürzt und der bisherige Ganztagsunterricht in eine Art Nachmittagsbetreuung umgewandelt worden, deren Kosten die Eltern zu tragen haben. Betroffen hiervon sind insbesondere Familien, in denen Mutter und Vater oder der allein erziehende Elternteil arbeiten; ihr Leben ist damit noch stressiger und teurer geworden. Am schlimmsten ist die Situation in Süditalien, wo der Ganztagsunterricht das einzige Mittel zu sein scheint, die aus der grassierenden Armut resultierenden, auch in den PISA-Studien belegten schulischen Defizite der Kinder auszugleichen.

3. Schlussbemerkungen

Wie seine Vorgänger betreibt auch Berlusconi keine genuine Familienpolitik. In Zeiten allerdings, in denen sich die italienische Gesellschaft der Erosion der traditionellen Familie und einer zunehmenden Überalterung ausgesetzt sieht, zieht diese Untätigkeit weitreichende Konsequenzen nach sich, zumal auch die Frauenerwerbstätigkeit zunimmt. Da der Staat die Augen verschließt, dürften schon in absehbarer Zeit nicht mehr alle Kinder und pflegebedürftigen Alten vernünftig versorgt werden können.

---

[9] Hinzu kommt, dass die Haushaltshilfen allein auf Vollzeitbasis bei einer einzigen Familie beschäftigt werden müssen. Privilegiert werden dadurch vor allem wohlhabende Familien.

Die seit Jahren konstant niedrige Geburtenrate ist ein eindeutiger Indikator für diese Probleme. Trotzdem scheint die Regierung paralysiert zu sein. Im Weißbuch zur Zukunft des Sozialstaats fällt ihr nach einer eingehenden Analyse nichts anderes ein, als lapidar an die Solidarität der Familien zu appellieren und zu mehr freiwilliger Arbeit aufzurufen. Das steht nicht nur in krassem Widerspruch zu den Bedürfnissen der Familien und hilft wenig gegen die Gefahr generationell reproduzierter Ungleichheit. Diese Ignoranz widerspricht auch dem Aktivismus, den die Regierung Berlusconi beweist, wenn es nicht um Fragen der Umverteilung, sondern um gesetzliche Neuregelungen geht, die Familiengründungen und innerfamiliäre Beziehungen konditionieren und überhaupt die bürgerlichen Freiheiten beschränken. Dieser moralisch motivierte Aktivismus schert sich wenig um die Gepflogenheiten einer pluralistischen Demokratie und zielt vor allem darauf, den Beifall und die Unterstützung der katholischen Kirche zu gewinnen.

Nicht umsonst besuchte Berlusconi nach seiner Amtseinführung 2008 sogleich den Vatikan, wo er offiziell erklärte, dass seine Regierung in Fragen der Familienpolitik und der Bioethik den Vorstellungen der Kirche entsprechen werde. Diese Übereinkunft wurde weiter bekräftigt und ist nach den zahlreichen Sexskandalen des Ministerpräsidenten 2009 sogar zu einer Art Tauschgeschäft geworden, das sich auf einen einfachen Nenner bringen lässt: die Kirche hält sich mit Kritik zurück, was Berlusconi auf seine Weise vergilt.

Ganz ähnliche „Pakte" haben seine Koalitionspartner geschlossen: Die *Lega Nord* beispielsweise hat sich den Schutz der traditionellen Familie und der christlichen Symbole im öffentlichen Raum auf ihre Fahnen geschrieben, um auf diese Weise gegenüber der katholischen Kirche Boden gut zu machen, die sich von der rassistischen und ausländerfeindlichen Rhetorik der *Lega* irritiert zeigte. Die Familie ist damit stärker als je zuvor zum Tauschobjekt der Mächtigen geworden, hat aber selbst am wenigsten davon. Die staatlichen Leistungen, die ihr zustehen, sind gering, während die Erwartungen, die man von den verschiedensten Seiten an sie heranträgt, immer größer werden. Die Politik – allen voran Berlusconi – beschränkt sich in Zeiten leerer Kassen auf hehre Worte, denen aber nur selten Taten folgen.

Aus dem Italienischen übersetzt von Patrick Bernhard.

Thomas Schlemmer
Berlusconis Jobwunder?
Arbeitsmarktpolitik zwischen pfadabhängiger Kontinuität und neoliberaler Reform

1. Licht und Schatten

Als vor den italienischen Parlamentswahlen des Jahres 2006 Bilanz gezogen wurde, fiel das Urteil der nationalen wie der internationalen Presse über die Arbeit der Regierung von Silvio Berlusconi nicht eben schmeichelhaft aus. Von gebrochenen Versprechen war die Rede, von halbherzigen Reformen und verpassten Chancen[1]. Kritischere Beobachter gingen noch weiter: Sie hielten die Resultate der fünfjährigen Legislaturperiode im Zeichen des *Centrodestra* schlicht für desolat. Italien, so gifteten sie, stehe allen vollmundigen Ankündigungen des Ministerpräsidenten zum Trotz schlechter da als vor Beginn seiner zweiten Amtszeit[2]. Das Land sei gespalten, seine ökonomischen Probleme seien evident, die Armut wachse ebenso wie die Staatsverschuldung, und im Konzert der europäischen Politik spiele Italien nur noch die zweite Geige. Das Land sei „heute der kranke Mann der EU"[3]. Einen Pluspunkt schien Berlusconi jedoch verbuchen zu können: Die „hellsten Lichtblicke" biete der Arbeitsmarkt[4]. Denn während in der Bundesrepublik Deutschland die Arbeitslosigkeit grassiere, habe es in Italien ein wahres „Jobwunder" gegeben, ausgelöst durch die „Flexibilisierung des verkrusteten italienischen Beschäftigungsmarktes"[5].

In der Tat wiesen – trotz mäßiger Wachstumsraten – wichtige Indikatoren in die richtige Richtung, und selbst bei der Bekämpfung der hohen Jugend-, Frauen- und Langzeitarbeitslosigkeit waren Erfolge zu verzeichnen: Die Erwerbsquote stieg zwischen

---

[1] Vgl. La Repubblica vom 5.3.2006: „Cinque anni vissuti nel vagone di coda" und vom 7.4.2006: „Cinque anni disastrosi. Prodi merita una chance"; Corriere della Sera vom 8.3.2006: „La scelta del 9 aprile".
[2] Vgl. Iginio Ariemma (Hrsg.), La resa dei conti 2001–2006. Fatti, cifre e impegni non mantenuti del governo Berlusconi, Rom 2006.
[3] Der Spiegel vom 3.4.2006: „Der epische Kampf des Silvio B."
[4] Frankfurter Allgemeine Zeitung vom 12.7.2004: „Die hellsten Lichtblicke bietet der Arbeitsmarkt".
[5] Süddeutsche Zeitung vom 27.12.2005: „Berlusconis Jobwunder".

2001 und 2006 um zwei Punkte – von 60,7 Prozent auf 62,7 Prozent; die traditionell niedrige Frauenerwerbsquote legte im selben Zeitraum um 3,5 Punkte von 47,3 Prozent auf 50,8 Prozent zu, während die Frauenarbeitslosigkeit signifikant von 13,1 Prozent auf 8,8 Prozent zurückging[6]. Die Langzeitarbeitslosigkeit nahm sogar um mehr als zehn Punkte ab – von 63,4 Prozent auf 52,9 Prozent. Entsprechend günstig entwickelte sich die Arbeitslosenquote insgesamt, die von 9,1 Prozent auf 6,8 Prozent sank. Vergleicht man diese Zahlen mit den entsprechenden Angaben für die Bundesrepublik Deutschland, so ergibt sich ein ambivalentes, aber für Italien nicht unerfreuliches Bild: Zwar war nördlich der Alpen die Erwerbsquote höher, und sie legte auch rascher zu – von 71,5 Prozent auf 75,0 Prozent. Ähnlich verhielt es sich mit der Frauenerwerbsquote, die in der Bundesrepublik zwischen 2001 und 2006 von 63,8 Prozent auf 68,5 Prozent stieg. Dagegen wuchs die Frauenarbeitslosigkeit von 8,0 auf 10,3 Prozent und lag damit deutlich über dem italienischen Wert. Noch weiter ging die Schere bei der Langzeitarbeitslosigkeit auseinander. Der Anteil derer, die 12 Monate und länger ohne Beschäftigung waren, kletterte in der Bundesrepublik zwischen 2001 und 2006 von 50,4 Prozent auf 57,2 Prozent. Diese Entwicklung spiegelte sich auch in der Arbeitslosenquote wider, die im selben Zeitraum von 7,4 Prozent auf 8,4 Prozent zunahm. Damit schien Deutschland auf dem absteigenden, Italien aber auf dem aufsteigenden Ast zu sein.

Gemessen an den ehrgeizigen Zielen, die Berlusconi im Wahlkampf verkündet hatte, blieben die Erfolge jedoch hinter den Erwartungen zurück. In seinem „Vertrag mit den Italienern", den er im Mai 2001 vor dem Millionenpublikum einer populären Talkshow unterzeichnet hatte, stand zu lesen, er werde die Arbeitslosigkeit im Falle seiner Wahl zum Ministerpräsidenten halbieren und 1,5 Millionen neuer Jobs schaffen[7]. Doch eine Arbeitslosenquote von etwa 4,5 Prozent war ebenso

---

[6] Vgl. hierzu und zum Folgenden OECD Employment Outlook 2005, Paris 2005, S. 237–275; OECD Employment Outlook 2006, Paris 2006, S. 247–276; OECD Employment Outlook 2007, Paris 2007, S. 245–276. Erwerbsqoute bezogen auf die Bevölkerung im Alter zwischen 15 und 64 Jahren; Frauenerwerbsquote bezogen auf die weibliche Bevölkerung im Alter zwischen 15 und 64 Jahren; Arbeitslosenquoten nach den standardisierten Berechnungen der OECD.
[7] Vgl. La Repubblica vom 8.5.2001: „Berlusconi firma ‚il contratto' e schiera Montezemolo"; zum Wahlkampf vgl. Paolo Bellocci/Martin Bull, The Return of Berlusconi, in: Italian Politics 17 (2002), S. 29–47.

außerhalb der Reichweite der Politik wie eineinhalb Millionen zusätzlicher Arbeitsplätze. Das zuständige Ministerium ging 2006 immerhin von 1,2 Millionen neuen Stellen aus, zählte jedoch auch zahllose Immigranten und Schwarzarbeiter mit, die bislang in der Schattenwirtschaft gearbeitet hatten, nun aber legalisiert worden waren. Insgesamt begann sich der beschäftigungspolitische Horizont gegen Ende von Berlusconis zweiter Amtszeit einzutrüben. Das „Doping" des Arbeitsmarkts durch eine Mischung aus finanziellen Anreizen, Initiativen zur Flexibilisierung von Beschäftigungsverhältnissen und gesetzgeberischer Akzeptanz des Status quo, so erklärten Unternehmer und Gewerkschafter Ende 2005 gleichermaßen, sei „vorbei"[8]. Zudem zeigten sich die Schattenseiten des Aufschwungs am Arbeitsmarkt immer deutlicher. Die Regierung setzte vor allem auf Quantität und fragte weniger nach der Qualität der neuen Arbeitsplätze. Mit dem Beschäftigungsaufbau nahm so auch die Unsicherheit bei den Arbeitnehmern zu, die sich mit wenig Geld zufrieden geben mussten und deren Teilhabe an den Segnungen des Wohlfahrtsstaats stark eingeschränkt war. Immer mehr war nun von der „Last der Flexibilität" die Rede, die vor allem junge Berufseinsteiger in atypischen Beschäftigungsverhältnissen zu tragen hatten[9].

Damit ist bereits die wichtigste Frage dieses Beitrags angesprochen: Welche Akzente setzte die Mitte-Rechts-Koalition auf dem Feld der Arbeitsmarktpolitik, wo knüpfte sie an die Konzepte der seit Ende 1994 amtierenden Regierungen – entweder von Mitte-Links-Koalitionen getragene Kabinette oder überparteiliche Expertenkabinette – an und wo betrat Berlusconis Mannschaft Neuland? Ich werde mich dabei insbesondere auf die Jahre zwischen 2001 und 2006 konzentrieren und einen vergleichenden Blick auf die Bundesrepublik Deutschland werfen, wo vor allem die rot-grüne Regierung unter Gerhard Schröder nahezu zeitgleich große Anstrengungen unternahm, um den Arbeitsmarkt in einschneidender Weise zu reformieren. Ausgangspunkt ist die These, dass die Arbeitsmarktpolitik des *Centrodestra* zwischen neoliberaler Reform und pfadabhängiger Kontinuität oszillierte. Dabei traf der Anspruch, den heilenden Kräften des Marktes durch Deregulierung, Flexibilisierung und Internationalisierung zum Durchbruch zu verhelfen und das Land so grundlegend zu modernisieren, auf ein stabiles,

---

[8] Süddeutsche Zeitung vom 27.12.2005: „Berlusconis Jobwunder".
[9] La Repubblica vom 5.3.2006: „Il peso della flessibilità".

seit 1945 gewachsenes Arrangement von Akteuren, Institutionen und Ideen.

Gøsta Esping-Andersen ordnete Italien in seiner breit rezipierten Typologie des modernen Wohlfahrtsstaats wie Deutschland dem konservativ-korporatistischen Typus zu, der als stark lohnarbeits- und sozialversicherungszentriert gilt und für den Ehe und Familie als subsidiäre soziale Institutionen von besonderer Bedeutung sind[10]. Die Apennin-Halbinsel, ja die südliche Peripherie Europas insgesamt, spielten in Esping-Andersens Modell allerdings nur eine untergeordnete Rolle, so dass die vergleichende Sozialstaatsforschung strukturprägenden Besonderheiten dieser Region zunächst nur wenig Aufmerksamkeit schenkte. Von diesen Besonderheiten gibt es einige, wie etwa Maurizio Ferrera in seiner Beschreibung des Wohlfahrtsstaats südeuropäischer Provenienz hervorgehoben hat: ein hohes Maß an institutioneller Zersplitterung; eine charakteristische Bevorzugung bestimmter gut abgesicherter *Insider* auf Kosten unterprivilegierter, wenig konfliktfähiger sozialer Gruppen; eine wenig ausgeprägte Steuerungsfähigkeit der Politik, gepaart mit einer ineffizienten Verwaltung und primär auf die Interessen der eigenen Klientel bedachten Parteien[11].

In Italien gab es vor allem nach der Implosion des von den Antipoden *Democrazia Cristiana* und *Partito Comunista Italiano* beherrschten Parteiensystems Anfang der 1990er Jahre bemerkenswerte Versuche, verkrustete Strukturen aufzubrechen und Fehlentwicklungen zu beseitigen. Dabei wurde das wohlfahrtsstaatliche Regime Italiens neu justiert, aber nicht grundsätzlich umgestaltet[12]. Berlusconi musste also nach seinem Wahlsieg mit überkommenen politisch-institutionellen Hindernissen gegen seine Reformprojekte rechnen, die sich auch durch neue Mehrheiten nicht einfach beiseite schieben ließen. Folgerichtig

---

[10] Vgl. Gøsta Esping-Andersen, The Three Worlds of Welfare Capitalism, Princeton 1990; speziell zur Situation der kontinentaleuropäischen Wohlfahrtsstaaten am Ende des 20. Jahrhunderts, zu denen er auch Italien zählt, vgl. Gøsta Esping-Andersen, Welfare States without Work: the Impasse of Labour Shedding and Familialism in Continental European Social Policy, in: ders. (Hrsg.), Welfare States in Transition. National Adoption in Global Economies, London u.a. 1996, S. 66–87.
[11] Vgl. Maurizio Ferrera, Il modello sud-europeo di Welfare State, in: Rivista Italiana di Scienza Politica 26 (1996), S. 67–101.
[12] Vgl. dazu den Überblick von Eva-Maria Hohnerlein, Der italienische Sozialstaat zwischen Krise und Reform, in: Sozialer Fortschritt 46 (1997), S. 16–20.

kam es wegen des lautstark propagierten Kurswechsels zu heftigen Konflikten – nicht zuletzt auf dem Feld der Arbeitsmarktpolitik. Diese Auseinandersetzungen führten wiederum zu ambivalenten Kompromissen, die Neues beinhalteten und Althergebrachtes konservierten. Die Arbeitsmarktreformen wiesen somit ein spezifisch italienisches Gepräge auf, und obwohl Berlusconi mit der Absicht eines radikalen Neubeginns angetreten war, stand zumindest auf dem Feld der Arbeitsmarktpolitik vieles im Zeichen der Kontinuität.

2. Anspruch und Wirklichkeit

Silvio Berlusconis Wahlbündnis „Haus der Freiheiten" – und hier vor allem seine eigene Partei, die *Forza Italia* – segelte im Wahljahr 2001 mit dem Wind des Neoliberalismus, der in Italien ebenso wehte wie in der Bundesrepublik von Gerhard Schröder, in den Vereinigten Staaten von George W. Bush und im Vereinigten Königreich von Tony Blair. Der künftige Regierungschef, ohnehin ein „Meister der Versprechungen", verordnete sich jedoch aus taktischen Gründen rhetorische Disziplin, um insbesondere Rentner und Arbeitnehmer nicht durch die kalte Sprache der Deregulierung oder gar des Sozialabbaus zu erschrecken[13]. Nichtsdestotrotz blieb die *Forza Italia* „eine Partei mit einer neoliberalen Seele", und folgerichtig zielte der Medienmogul an ihrer Spitze, der sich gerne als hemdsärmeliger selfmade-man gibt, auf die Freisetzung von Wachstumskräften und unternehmerischer Initiative durch die Zurückdrängung eines als krakenhaft beschriebenen Staatsapparats. Berlusconi selbst hat sein Konzept im August 2000 so charakterisiert:

„Es ist keine Neuigkeit: das liberale Rezept [...] ist bereits in anderen Ländern angewendet worden. [...] Man beginnt mit geringeren Steuern für Familien, für Unternehmen und auf die Arbeit; man muss in die Starrheit des Arbeitsmarktes eingreifen, man muss in die unproduktiven öffentlichen Ausgaben eingreifen, indem man Verschwendungen, Privilegien und Ineffizienzen abschafft. All dies bewirkt eine größere Wettbewerbsfähigkeit unserer Unternehmen und unserer Produkte auf den internationalen Märkten, ein Wirtschaftswachstum und ein Mehr an Arbeitsplätzen. All dies ver-

---

[13] Vgl. Jens Urbat, Rechtspopulisten an der Macht. Silvio Berlusconis Forza Italia im neuen italienischen Parteiensystem, Hamburg 2007, S. 369–430; die Zitate finden sich auf S. 381 und S. 412.

wandelt sich dann in höhere Einnahmen für die öffentlichen Kassen."[14]

Damit rangierte die Arbeitsmarktpolitik auf Berlusconis ökonomischer Prioritätenskala klar hinter der Wirtschafts- und Finanzpolitik, sollte aber denselben Prämissen folgen. In diesem Sinne propagierten die Wahlkämpfer des Mitte-Rechts-Bündnisses mehr Arbeitsplätze durch die Flexibilisierung des Arbeitsrechts, die Lockerung des Kündigungsschutzes und die Förderung neuer Beschäftigungsformen jenseits des sogenannten Normalarbeitsverhältnisses. Ein mehr oder weniger liberalisierter, auf die Bedürfnisse der Arbeitgeber zugeschnittener Arbeitsmarkt, so das Kalkül, sollte mehr Dynamik in einen Sektor bringen, der im europäischen Vergleich als überreguliert, rigide und dysfunktional galt.

Das im Oktober 2001 im Auftrag der Regierung vorgelegte Weißbuch zur Lage auf dem Arbeitsmarkt, das von einer Expertengruppe unter Leitung des Arbeitsrechtlers Marco Biagi zusammengestellt worden war, zeigte, dass es dem *Centrodestra* ernst war und dass er auch vor einem Konflikt mit den Gewerkschaften nicht zurückschreckte. In den 1990er Jahren hatten die Sozialpartner über fast alle wichtigen Reformprojekte in tripartistisch konzertierten Verhandlungsrunden gemeinsam befunden. Das Weißbuch der Regierung Berlusconi bot zwar insbesondere Arbeitgeber- und Arbeitnehmervertretern an, in einen „sozialen Dialog" einzutreten, bestand jedoch auf dem Primat der Politik ebenso wie auf den Entscheidungsbefugnissen der Exekutive und drohte mit Mehrheitsentscheidungen, sollten bestimmte Gruppierungen zum Instrument der Blockade greifen[15]. Wo die Experten wohlgesetzte Worte wählten, ließ der hemdsärmlige Arbeitsminister Roberto Maroni von der *Lega Nord* keinen Zweifel daran, dass „das Konsensmodell" der vergangenen Dekade „zum alten Eisen" gehörte und dass sich insbesondere die organisierte Arbeiterbewegung auf härtere Zeiten einzustellen hatte[16]. Konflikte waren also vorprogrammiert.

Den Autoren des Weißbuchs, die ihre Vorschläge unter die Prämissen mehr Jobs, bessere Jobs, Flexibilität und Sicherheit

---

[14] Il Tempo vom 23.8.2000; zit. nach Damian Grasmück, Die *Forza Italia* Silvio Berlusconis. Geburt, Entwicklung, Regierungstätigkeit und Strukturen einer charismatischen Partei, Frankfurt a.M. 2005, S. 274.

[15] Vgl. hierzu und zum Folgenden White Paper on the Labor Market in Italy, the Quality of European Industrial Relations, and Changing Industrial Relations. In Memoriam Marco Biagi, Den Haag u.a. 2002.

[16] Süddeutsche Zeitung vom 2.2.2002: „Showdown auf der Piazza".

gestellt hatten, kam es vor allem darauf an, Wege aus der strukturellen Beschäftigungskrise aufzuzeigen, die Italien seit den 1970er Jahren nicht hatte überwinden können. Dabei war auch der in Artikel 18 des *Statuto dei diritti dei lavoratori* kodifizierte Kündigungsschutz keine heilige Kuh, der die Entlassung eines Arbeitnehmers in Betrieben mit mehr als 15 Beschäftigten ohne legitimen Grund zu einem ausgesprochen schwierigen Unterfangen werden ließ[17]. Erkannten die Richter den Kündigungsgrund nicht an, konnte der Betroffene seine Wiedereinstellung und die Kompensation aller inzwischen erlittenen finanziellen Nachteile verlangen. Dieses Prinzip trieb aber die Kosten hoch, so dass die Arbeitgeber Neueinstellungen genau bedachten. Das 1970 nach harten sozialen Konflikten in Kraft gesetzte Arbeitnehmerstatut privilegierte insbesondere die Arbeiter in großen Industriebetrieben. Dieser „einst gefeierte Meilenstein der Arbeitsgesetzgebung aus dem goldenen Zeitalter des italienischen Wohlfahrtsstaates"[18] galt als wichtigster Ausdruck einer Politik, die sich vor allem am Vorrang der Arbeitsplatzsicherheit orientierte, und er galt zugleich als Symbol gewerkschaftlicher Macht und arbeitsmarktpolitischer Erstarrung.

Es war eben diese oft beklagte Erstarrung, gegen die die Regierung Berlusconi zu Felde zog. Doch entsprach das Bild vom eingefrorenen italienischen Arbeitsmarkt, den man gleichsam auftauen müsse, im Jahr 2001 überhaupt noch der Realität? Schließlich hatten Regierungen verschiedener Couleur zusammen mit den Sozialpartnern bereits in den 1980er und 1990er Jahren versucht, die industriellen Beziehungen neu zu ordnen, den Arbeitsmarkt zu beleben und so für mehr Beschäftigung zu sorgen. Zunächst waren nur kleine und unsichere Schritte auf diesem Weg möglich gewesen, seit Beginn der 1990er Jahre gewannen die Reformen jedoch an Tempo und Zielsicherheit. In dieser Dekade kam es zu einer Reihe wichtiger Vereinbarungen zwischen Regierung, Arbeitgebern und Gewerkschaften, die – in Gesetze und Verordnungen umgegossen – den italienischen Arbeitsmarkt, die Arbeitsverwaltung sowie das teils eng, teils

---

[17] Vgl. Maurizio Ferrera, Le politiche sociali. L'Italia in prospettiva comparata, Bologna 2006, S. 135f.
[18] David Natali, Rekalibrierung von Sozialprogrammen und Flexibilisierung der Arbeitsmarktpolitik: Das italienische Wohlfahrtssystem, in: Klaus Schubert/Simon Hegelich/Ursula Bazant (Hrsg.), Europäische Wohlfahrtssysteme. Ein Handbuch, Wiesbaden 2008, S. 333–353, hier S. 344; dieser Beitrag gibt einen guten Überblick über die Reformen und Reformversuche seit den frühen 1990er Jahren.

weit geknüpfte Sicherungsnetz gegen die Folgen von Arbeitslosigkeit neu zu gestalten suchten[19].

Es würde zu weit führen, hier ins Detail zu gehen und das Ciampi-Protokoll von 1993, den Beschäftigungspakt und das von Romano Prodis Arbeitsminister Tiziano Treu verantwortete Gesetzespaket von 1996/97 oder den Sozialpakt für Entwicklung und Beschäftigung von 1998 eingehend zu analysieren. Einige Worte zum *pacchetto Treu* sind aufgrund seiner Bedeutung für die Flexibilisierung des Arbeitsmarkts aber unumgänglich. Dieses Regelwerk zielte zum einen auf die Verbesserung der Beschäftigungsfähigkeit von Arbeitnehmern durch erweiterte Möglichkeiten der Aus- oder Weiterbildung und zum anderen auf mehr Arbeitsplätze, die nicht mehr nur durch Arbeitsbeschaffungsmaßnahmen in den strukturschwachen Regionen des Landes kreiert werden sollten, sondern vor allem durch die Öffnung des Arbeitsmarkts für neue Beschäftigungsformen und neue Leistungsanbieter jenseits der öffentlichen Arbeitsverwaltung[20]. In diesem Sinne erleichterte oder ermöglichte das *pacchetto Treu* Teilzeitarbeit, Leih- und Zeitarbeit, befristete Arbeitsverträge und besondere Kontrakte für Berufseinsteiger – Beschäftigungsformen, die in anderen europäischen Staaten bereits gang und gäbe, in Italien aber aufgrund hoher Hürden und fehlender Anreize bislang nur wenig verbreitet waren. Mit dem *pacchetto Treu* fielen nicht alle Schranken, doch es wies den Arbeitsmarktreformen der folgenden Jahre den Weg.

Warum eine Mitte-Links-Regierung, der mit dem *Partito della Rifondazione Comunista* eine veritable kommunistische Partei angehörte, dieses Projekt auf den Weg brachte, ist nur zu verstehen, wenn man berücksichtigt, dass zugleich ein tiefgreifender Umbau aller sozialen Sicherungssysteme diskutiert wurde. Diesem Vorhaben lagen die Empfehlungen einer Expertenkommission unter dem Vorsitz des Wirtschaftswissenschaftlers Paolo Onofri zugrunde, die unter anderem vorgeschlagen hatte, den Dschungel der Unterstützungsleistungen zu roden, um im Falle von Arbeitslosigkeit mehr Arbeitnehmer besser abzusichern. Deregulierung war also nur die eine Seite der Medaille, mehr Sicherheit als Kompensation für die Risiken eines flexibleren Arbeitsmarkts die andere – zumindest in der Theorie, denn während das *pacchetto Treu* alle parlamentarischen Hürden nahm

---

[19] Vgl. Sascha O. Becker, Employment Pacts in Italy 1992 to 2002, in: CESifo Dice Report 1/2004, S. 49–56.
[20] Vgl. die Zusammenfassung bei Ferrara, Politiche sociali, S. 152ff.

und seine Wirkung nicht verfehlte, blieb die Reform der Arbeitslosenversicherung bereits in den Anfängen stecken[21].

Ohne dass die in den 1990er Jahren getroffenen, oft mühsam und gegen viele Widerstände ausgehandelten Übereinkünfte zwischen der Regierung und den Sozialpartnern immer konsistent und folgerichtig gewesen wären, orientierten sie sich an der Maxime, mehr Beschäftigung und neue Arbeitsplätze seien wichtiger oder zumindest ebenso wichtig wie sichere Arbeitsplätze. Dies kam einem Paradigmenwechsel gleich, nachdem die italienischen Arbeitsmarktinstitutionen bisher vor allem auf den Schutz (industrieller) Normalarbeitsverhältnisse ausgerichtet gewesen waren. Das neue Arrangement zielte darauf, diesen Schutz für den Kern der Arbeiterschaft zu erhalten, den Arbeitsmarkt aber durch neue Vertrags- und Beschäftigungsverhältnisse gleichsam von den Rändern her zu dynamisieren.

„At the end of the 1990s, the diffusion of flexibility seemed to be an incontrovertible trend of the Italian labour market even though the risks of precariousness and jobs' bad quality were emphasised in the national debate."[22]

Vielen Konservativen, aber auch manchen Arbeitsmarktexperten ging die Deregulierung nicht weit genug, einflussreichen Exponenten der Linken und vor allem der Gewerkschaften ging sie dagegen schon zu weit. Dass man sich in den 1990er Jahren dennoch zu bemerkenswerten Weichenstellungen durchringen konnte, hatte gleichermaßen ökonomische wie innen- und außenpolitische Ursachen. Ökonomisch litt Italien unter den Folgen einer auch in anderen Industriestaaten spürbaren Konjunktur- und Wachstumsschwäche[23]; innenpolitisch herrschte nach der Implosion des Parteiensystems im Zuge Aufsehen erregender Korruptionsskandale ein Teilvakuum, das alte Konflikte zumindest zeitweise erstickte und neue Konstellationen begünstigte; außenpolitisch kam Italien durch die europäische Integration unter Druck, und zwar sowohl durch die für die Aufnahme in die Euro-Zone festgelegten Stabilitätskriterien als auch durch neue Initiativen auf dem Feld der Arbeitsmarkt- und Beschäftigungspolitik.

---

[21] Vgl. Elisabetta Gualmini, La politica del lavoro, Bologna 1998, S. 229–268; zur Debatte um das *pacchetto Treu* vgl. ebenda, S. 253–262.
[22] Vgl. Maurizio Ferrera/Elisabetta Gualmini, Rescued by Europe? Social and Labour Market Reforms in Italy from Maastricht to Berlusconi, Amsterdam 2004, S. 104.
[23] Vgl. Marco Buti u.a., Italy's slow Growth in the 1990s. Facts, Explanations and prospects, o.O. 1999, insbesondere S. 3–16.

Die Europäische Beschäftigungsstrategie hatte 1997 Eingang in den Vertrag von Amsterdam gefunden und wurde nach dem EU-Gipfel vom März 2000 mit dem ambitionierten Ziel intensiviert, die Europäische Union im Rahmen eines sozioökonomischen Gesamtkonzepts „zum wettbewerbsfähigsten und dynamischsten wissensbasierten Wirtschaftsraum in der Welt" zu machen[24]. Dabei blieben die arbeitsmarktpolitischen Kompetenzen der Mitgliedsstaaten freilich im Kern unberührt, so dass sich die Europäische Kommission mit dem weichen Steuerungsmechanismus der offenen Koordinierung zufriedengeben musste, einem „zyklischen und iterativen Prozess des Erstellens von Leitlinien, gegenseitiger Evaluierung und Benchmarking"[25]. Dieser Prozess sollte zu einer Konvergenz der nationalen Beschäftigungspolitiken beitragen und letztlich zu gleichen „Chancen für alle sozialen Gruppen auf dem Arbeitsmarkt" führen. Das neue Zauberwort hieß *Flexicurity*, die im Idealfall „einen geringen Kündigungsschutz mit einem hohen Niveau der sozialen Absicherung der Übergänge zwischen Beschäftigungsverhältnissen" verbinden sollte.

Mit der Europäischen Beschäftigungsstrategie aber schlug in Italien die Stunde der Experten, die die verschiedenen Kabinette von Prodi bis Berlusconi bei der Umsetzung unterstützten und so für ein hohes Maß an Kontinuität sorgten – auch über Regierungswechsel hinaus[26]. Die offene Methode der Koordinierung als Kernstück der angestrebten Konvergenz erforderte nämlich die Erstellung nationaler Aktionspläne auf der Basis fundierter Arbeitsmarktbeobachtung und Arbeitsmarktforschung, ihre Begleitung und Verteidigung auf europäischer Ebene und ihre regelmäßige Evaluierung. Das italienische Arbeitsministerium war jedoch für diese Aufgabe nur schlecht gerüstet, wobei vor allem fehlende institutionelle Anknüpfungspunkte in der staatlichen Arbeitsverwaltung und die schlechte internationale Vernetzung schwer ins Gewicht fielen. Man behalf sich in den

---

[24] Europäische Beschäftigungs- und Sozialpolitik. Politik für Menschen, hrsg. von der Generaldirektion für Bildung und Kultur der Europäischen Kommission, Luxemburg 2000, S. 30.
[25] Sascha Zirra/Jenny Preunkert, Die Europäisierung nationaler Arbeitsmarktreformen. Die Auswirkungen der nationalen Beschäftigungsstrategie in Deutschland, Frankreich und Italien, in: Hartmut Seifert/Olaf Struck (Hrsg.), Arbeitsmarkt und Sozialpolitik, Kontroversen um Effizienz und soziale Sicherheit, Wiesbaden 2009, S. 287–314, die Zitate finden sich auf S. 288f.
[26] Vgl. hierzu Ferrera/Gualmini, Rescued by Europe, S. 105–109.

ersten Jahren mit einem System von Aushilfen, in dem externe Fachleute mit ihrem Wissen und ihren internationalen Kontakten eine zentrale Rolle spielten. Es bildete sich eine Art expertobürokratischer Komplex heraus, der zwar nicht immer über einen direkten Draht zu den politischen Entscheidungsträgern verfügte, aber in einer wichtigen Phase der Neuausrichtung des italienischen Sozialstaats nicht zu unterschätzenden Einfluss auf die Arbeitsmarktpolitik gewann. Auffällig war der Rekurs auf die Maximen der Europäischen Beschäftigungsstrategie. Dies war nicht nur notwendig, um erfolgreich Mittel aus europäischen Sozial- und Strukturfonds einzuwerben. Der geschickte Einsatz von Schlagworten wie *employability, equal opportunities, flexibility* oder *security* diente auch dazu, den eigenen Vorschlägen den entsprechenden Nachdruck zu verleihen und etwaiger Kritik mit dem Argument zu begegnen, der Umbau des italienischen Arbeitsmarkts sei schon mit Blick auf Europa unvermeidlich. Es ging also weniger darum, der Europäischen Beschäftigungsstrategie in Italien zum Durchbruch zu verhelfen, als vielmehr darum, ihre Ziele vor dem Hintergrund der Gegebenheiten und Diskurse im eigenen Land zu adaptieren. Was blieb, waren – mit anderen Worten – vielfach nur instrumentelle Chiffren zur Durchsetzung nationaler Reformprojekte, wobei man in Italien insbesondere das Konzept der *Flexicurity* in spezifischer Weise interpretierte[27].

Silvio Berlusconi fand also alles in allem günstige Rahmenbedingungen vor, als sein Mitte-Rechts-Bündnis 2001 die Regierungsgeschäfte übernahm und daran ging, neue Akzente in der Arbeitsmarktpolitik zu setzen: Zum Ersten hatten die Kabinette von Lamberto Dini bis zu Giuliano Amato bereits einiges für den Umbau des Sozialstaats getan und auch die Weichen in Richtung Deregulierung und Flexibilisierung gestellt. Zum Zweiten nahm man in der Öffentlichkeit derartige Initiativen durchaus wohlwollend auf, zumal bestimmte neoliberal besetzte Begriffe in diesen Tagen in den Ohren vieler Meinungsmacher eher modern als bedrohlich klangen. Zum Dritten verfügte Berlusconi in beiden Häusern des Parlaments über eine solide Mehrheit und war nicht darauf angewiesen, den politischen Gegner durch Kompromisse mit ins Boot zu holen. Die neue

---

[27] Vgl. Jenny Preunkert, Chancen für ein soziales Europa? Die Offene Methode der Koordinierung als neue Regulierungsform, Wiesbaden 2009, S. 247–288.

Regierung hätte ihre Arbeitsmarktreformen also ruhig und unaufgeregt angehen können, doch Berlusconi wäre nicht Berlusconi, wenn er nicht versucht hätte, sich wie seine Vorbilder Ronald Reagan und Margret Thatcher als starke Führungsfigur zu profilieren.

Zum casus belli entwickelte sich dabei die Frage des Kündigungsschutzes, die die Arbeitsmarktexperten der Regierung um Marco Biagi zwar angeschnitten, aber nicht zu einem vorrangigen Reformziel erklärt hatten[28]. Als die Koalition jedoch im November 2001 einen Gesetzentwurf vorlegte, mit dem die Empfehlungen des Weißbuchs zur Lage auf dem Arbeitsmarkt umgesetzt werden sollten, fehlte eine entsprechende Klausel nicht. Dabei sollte der Artikel 18 des *Statuto dei diritti dei lavoratori* zwar nicht abgeschafft, aber in bestimmten Fällen vorübergehend außer Kraft gesetzt werden – vor allem dann, wenn Unternehmen die Grenze von 15 Beschäftigten überschritten, indem sie zusätzliches Personal einstellten, aus der Schattenwirtschaft heraustraten und Arbeitsverhältnisse legalisierten oder befristete in unbefristete Arbeitsverträge umwandelten. Diese Vorschläge waren alles andere als revolutionär, doch sie reichten in einem noch vom Wahlkampf aufgeheizten Klima aus, um die Reihen der Berlusconi-Gegner zu schließen. Nachdem Sondierungsgespräche zwischen Regierungsvertretern und Gewerkschaftern ergebnislos geblieben waren und allenfalls zu einer weiteren Verhärtung der Fronten geführt hatten, rief die mitgliederstarke *Confederazione generale italiana del lavoro* (CGIL) als Speerspitze der Opposition zu Massenprotesten auf.

Mitten in den Vorbereitungen dazu erschossen Mitglieder der Roten Brigaden am 19. März 2002 Marco Biagi auf offener Straße. Bei allem Entsetzen über diesen Akt tödlichen Terrors verschärfte sich das Klima zwischen den Konfliktparteien durch gegenseitige Schuldzuweisungen weiter. Nur vier Tage nach der Ermordung des Arbeitsrechtlers protestierten in Rom etwa zwei Millionen Menschen gegen die Pläne zur Reform des Artikels 18, ja gegen die Sozialpolitik der Regierung insgesamt[29]. Diese Massendemonstration, die zu den größten in der Geschichte der italienischen Hauptstadt gehörte, war der erste

---

[28] Vgl. hierzu und zum Folgenden Aris Accornero/Eliana Como, The (failed) Reform of Article 18, in: Italian Politics 18 (2003), S. 199–220.

[29] Vgl. Süddeutsche Zeitung vom 25.3.2002: „Zwei Millionen Menschen demonstrieren gegen Berlusconi".

Höhepunkt der Empörung, der erfolgreiche Generalstreik am 16. April der zweite. Berlusconis Mannschaft, die aus einer Position der Stärke heraus die Konfrontation mit der linken Opposition und den Gewerkschaften gesucht hatte, sah sich nun in die Defensive gedrängt und war unter Aufgabe ihrer Maximalforderungen zu Gesprächen bereit, um mit Teilerfolgen zumindest das Gesicht wahren zu können.

Dabei gelang es der Regierung, die Differenzen zwischen den großen Gewerkschaften des Landes geschickt auszunutzen, denn während sich die CGIL im Zuge der Auseinandersetzungen um den Artikel 18 gegen jede Arbeitsmarktreform ausgesprochen hatte, waren die christdemokratisch geprägte *Confederazione italiana sindacati lavoratori* (CISL) und die linksliberal-sozialdemokratisch orientierte *Unione italiana del lavoro* (UIL) unter bestimmten Bedingungen zu Kompromissen bereit. Vor diesem Hintergrund schwenkte die Regierung Berlusconi wieder auf den in den 1990er erfolgreich beschrittenen Pfad tripartistischer Verhandlungen ein, wobei es ihr gelang, die dem kommunistisch-sozialistischen Milieu verhaftete CGIL auszumanövrieren und zu isolieren. Im Juli 2002 wurde schließlich der „Pakt für Italien" unterzeichnet, den sowohl die Gewerkschaften CISL und UIL als auch die Regierung und die Arbeitgeber als Erfolg verkaufen konnten[30]. Den Gewerkschaften war es nicht nur gelungen, eine Lockerung des Kündigungsschutzes weitestgehend zu verhindern, sie hatten sich auch Verbesserungen bei der Arbeitslosenversicherung, Steuererleichterungen für Familien sowie Maßnahmen zugunsten des *Mezzogiorno* und zur Armutsbekämpfung zusichern lassen. Im Gegenzug fand die arbeitsmarktpolitische Reformagenda des Weißbuchs Eingang in das Abkommen, so dass Berlusconi den Umbau des Arbeitsmarkts vorantreiben konnte, auch wenn er sein Prestigeprojekt „Artikel 18" hatte opfern müssen.

Zentrale Elemente des „Pakts für Italien" wurden in den folgenden Monaten in gesetzliche Regelungen umgegossen, die bis heute mit dem Namen von Marco Biagi verbunden sind[31]. Im Kern schrieb das Kabinett Berlusconi die Maßnahmen von Romano Prodis Arbeitsminister Tiziano Treu fort; die Arbeitsmarktpolitik von *Centrodestra* und *Centrosinistra* wies somit aller

---

[30] Vgl. Becker, Employment Pacts in Italy, S. 53f., und Ferrera/Gualmini, Rescued by Europe, S. 158f.
[31] Vgl. Salvatore Pirrone/Paolo Sestito, Disoccupati in Italia. Tra Stato, Regioni e cacciatori di teste, Bologna 2006, S. 45–103.

tatsächlichen oder nur behaupteten Differenzen zum Trotz einen gemeinsamen Grundzug auf[32]. Insgesamt wurden die Einflussmöglichkeiten der Gewerkschaften geschwächt, kollektive Vereinbarungen zugunsten individueller Verhandlungen zurückgedrängt und die Gestaltungsspielräume der Arbeitgeber ausgeweitet. Dies galt für die neuen Regelungen zur Teilzeitarbeit ebenso wie für diejenigen zu befristeten Beschäftigungsverhältnissen, zur Leih- und Zeitarbeit, für Werk- und Projektverträge oder für Eingliederungsverträge für Berufseinsteiger. Überdies schritt die Dezentralisierung und Privatisierung der Arbeitsvermittlung weiter voran. In ihrem Bemühen, die Hürden für die Integration bestimmter Problemgruppen in den Arbeitsmarkt so weit wie möglich abzubauen, kam die Regierung Berlusconi trotz des Widerstands der Gewerkschaften gegen eine Reform des Kündigungsschutzes einen so großen Schritt voran, dass die Autoren einer neuen Studie zur Entwicklung des italienischen Arbeitsmarkts konstatierten: „Der Prozess der Flexibilisierung der Beschäftigungsverhältnisse erreichte seinen Höhepunkt tatsächlich unter der Führung der zweiten Regierung Berlusconi."[33]

Was fehlte, war allerdings ein dieser Entwicklung adäquater Um- und Ausbau der Systeme sozialer Sicherung gegen Arbeitslosigkeit, die nach wie vor die konfliktfähigen Teile der Arbeitnehmerschaft privilegierten. Dies zeigte sich nicht zuletzt am Umfang und an der Art der Ausgaben für die Arbeitsmarktpolitik. Italien wendete dafür im Jahr 2006 lediglich 1,32 Prozent seines Bruttoinlandsprodukts auf – dramatisch weniger als andere große kontinentaleuropäische Industrieländer wie Deutschland (2,97 Prozent) oder Frankreich (2,32 Prozent) und auch weniger als die OECD-Staaten im Durchschnitt (1,52 Prozent). Zudem flossen erheblich mehr Mittel in die passive als in die aktive Arbeitsmarktpolitik, anders als etwa in Schweden, dem Musterland der *Flexicurity*. Positive Impulse ließen sich mit so geringen Mitteln kaum setzen, zumal das Budget schrumpfte; gab Italien 2004 noch 0,62 Prozent seines Bruttoinlandsprodukts für aktive Arbeitsmarktpolitik aus, waren es 2006 nur mehr 0,53 Prozent[34]. Letztlich resultierte aus der „Biagi-Reform" eine „pfadverstär-

---

[32] Vgl. Riccardo Del Punta, The Italian labour market „Biagi reform": an Assessment, in: Italian Labour Law e-Journal (www.dirittodellavoro.it).
[33] Fabio Berton/Matteo Richiardi/Stefano Sacchi, Flex-insecurity. Perché in Italia la flessibilità diventa precarietà, Bologna 2009, S. 88.
[34] Vgl. OECD Employment Outlook 2008, Paris 2008, S. 360–366.

kende Flexibilisierung an den Rändern des Arbeitsmarktes", so dass dessen gewachsene „sozialstrukturelle Segmentation" cum grano salis erhalten blieb[35].

3. Artikel 18 und Hartz IV

Während in Italien die Schlacht um den Artikel 18 geschlagen wurde, war in der Bundesrepublik Deutschland ein großes Reformprojekt in der Diskussion, das die Effizienz der Arbeitsmarktpolitik im Allgemeinen und die Funktionalität der staatlichen Arbeitsvermittlung im Besonderen entscheidend verbessern sollte. Als Reaktion auf die anhaltend hohe Arbeitslosigkeit im Gefolge der Wiedervereinigung, versäumter politischer Reformen und der schwierigen Wirtschaftslage hatte die rotgrüne Bundesregierung eine Expertenkommission unter Leitung des Volkswagen-Managers und Gewerkschafters Peter Hartz einberufen. Die ehrgeizigen Vorschläge dieser Kommission, die dazu dienen sollten, die Arbeitslosigkeit innerhalb von vier Jahren von vier auf zwei Millionen zu halbieren, wurden zwischen 2003 und 2005 in geltendes Recht umgesetzt[36].

Dabei wies der Reformprozess in Deutschland gleichermaßen Unterschiede und Gemeinsamkeiten zu den Geschehnissen in Italien auf[37]. Beginnen wir mit den Gemeinsamkeiten: In beiden Ländern war der Reformdruck hoch, ausgelöst durch die Massenarbeitslosigkeit, die immer tiefere Löcher in die Sozialkassen riss. In beiden Ländern setzte die Regierung auf den Rat von Fachleuten, nicht zuletzt, um mit dem Verweis auf wissenschaftlich-technische und damit scheinbar überparteiliche Empfehlungen der Debatte die politische Spitze abzubrechen. In beiden Ländern wurden die Schlagworte der Europäischen Beschäftigungsstrategie aufgenommen und im jeweiligen nationalen Kontext interpretiert. Und in beiden Ländern zielten die Reformen darauf, die Erwerbsbeteiligung bestimmter Problemgruppen am Arbeitsmarkt zu erhöhen, wobei der Kündigungs-

---

[35] Zirra/Preunkert, Europäisierung, in: Seifert/Struck (Hrsg.), Arbeitsmarkt und Sozialpolitik S. 301.
[36] Vgl. Anne-Marie Weimar, Die Arbeit und die Entscheidungprozesse der Hartz-Kommission, Wiesbaden 2004, S. 41–190; Werner Jann/Günther Schmid, Eins zu eins? Eine Zwischenbilanz der Hartz-Reformen am Arbeitsmarkt, Berlin 2004.
[37] Vgl. die komparative Analyse am Beispiel der Europäischen Beschäftigungsstrategie bei Preunkert, Chancen für ein soziales Europa, S. 153–200 und S. 247–288.

schutz der *Insider* südlich wie nördlich der Alpen im Kern unangetastet blieb. Zugleich stellte sowohl die Mitte-Rechts-Regierung in Italien als auch die rot-grüne Koalition in der Bundesrepublik Flexibilität über soziale Sicherheit.

Aber während man in Italien daran ging, den Arbeitsmarkt von seinen Rändern her zu deregulieren und dabei dem bereits seit den 1990er Jahren beschrittenen Pfad folgte, wagte man in der Bundesrepublik mit den sogenannten Hartz IV-Gesetzen institutionell den Strukturbruch und politisch den „Übergang von Welfare zu Workfare"[38]. Um Kosten zu sparen und den Druck auf Langzeitarbeitslose zu erhöhen, auch schlecht bezahlte Jobs anzunehmen, wurde die bisher lohnbezogene Arbeitslosenhilfe – die zweite Ebene des Sicherungsnetzes im Falle von Arbeitslosigkeit – mit der Sozialhilfe als letzter Ausfahrt des Wohlfahrtsstaats verschmolzen. Das neue Arbeitslosengeld II sah einheitliche Sätze ohne Bezug zum vorherigen Einkommen vor und setzte die Bedürftigkeit des Antragstellers voraus, der fast alle persönlichen Ressourcen ausschöpfen musste, bevor er mit Leistungen rechnen konnte. Damit wurde das grundlegende Prinzip der Statuswahrung auch im Falle von Arbeitslosigkeit zugunsten einer Fürsorgeleistung auf niedrigem Niveau aufgegeben[39].

Arbeitslosigkeit und Armut, die durch den Ausbau des sozialen Netzes nach 1945 immer stärker entkoppelt worden waren, rückten so wieder näher zusammen – eine Entwicklung, die in einem Land besonders bedrohlich wirken musste, für das die „Suche nach Sicherheit" konstitutiv war[40], und die deshalb auch die Mitte der Gesellschaft unruhig werden ließ. Demonstrationen und Proteste gegen die Regierung waren die Folge. Im Sommer 2004 gingen wochenlang immer wieder Zehntausende auf die Straße und machten ihrem Unmut gegen die „Verarmung per Gesetz" Luft. Deutschland, so der „Spiegel", sei „von einer schweren Epidemie erfaßt" worden – dem „Hartz-Fieber", das „rasend schnell" um sich greife und auch die anstecke, „die

---

[38] Simon Hegelich/Hendrik Meyer, Konflikt, Verhandlung, Sozialer Friede. Das deutsche Wohlfahrtssystem, in: Schubert/Hegelich/Bazant (Hrsg.), Europäische Wohlfahrtssysteme, S. 127–148, hier S. 140.
[39] Vgl. Manfred G. Schmidt, Sozialpolitik in Deutschland. Historische Entwicklung und internationaler Vergleich, Wiesbaden 3., vollständig überarbeitete und erweiterte Aufl. 2005, S. 119f.
[40] Eckart Conze, Die Suche nach Sicherheit. Eine Geschichte der Bundesrepublik Deutschland von 1949 bis zur Gegenwart, München 2009, S. 15.

sich bislang immun wähnten". Verantwortlich dafür sei „ein Cocktail der unterschiedlichsten Erreger", wobei sich „die Angst der Mittelschichten vor dem ungebremsten sozialen Absturz mit der diffusen Panik mancher Betroffenen" mische[41]. Doch anders als Silvio Berlusconi, der die Reform des Kündigungsschutzes angesichts des scharfen Gegenwinds der Gewerkschaften fallen ließ, hielt Bundeskanzler Gerhard Schröder Kurs und setzte die Hartz-Gesetze als zentralen Bestandteil seiner Reformagenda 2010 durch. Die Folgen dieser Entscheidung, an als richtig erkannten Vorhaben festzuhalten, waren weitreichend und trugen nicht zuletzt maßgeblich zur Abwahl der rot-grünen Koalition im September 2005 bei.

Es wäre allerdings zu einfach, die unterschiedlichen Handlungsmuster der beiden Regierungen ausschließlich auf die unterschiedliche Persönlichkeitsstruktur ihrer Spitzenmänner zurückzuführen. Schröder – Regierungschef in einer Kanzlerdemokratie mit einem überschaubaren Parteiensystem – konnte vor einem anderen institutionellen Hintergrund agieren als Berlusconi. Der italienische Ministerpräsident, dessen „im internationalen Vergleich sehr schwache Stellung" wiederholt konstatiert worden ist, war mehr „primus inter pares" als dominante Führungsfigur[42]. Silvio Berlusconi gab sich nichtsdestotrotz als entscheidungsfreudiger Macher. Doch der Verlauf des Konflikts um den Artikel 18 zeigte, dass auch er den Mechanismen unterworfen war, die bereits die sogenannte Erste Republik charakterisiert hatten: Ein hohes Maß an gesellschaftlich-politischer Spannung traf auf eine eher kraftlose, ja zuweilen ängstliche politische Führung, die mit einem zerklüfteten Parteiensystem und einer gespaltenen Gewerkschaftsbewegung zurecht kommen musste, was wiederum zu langsamen Entscheidungsprozessen und unbefriedigenden Kompromissen führte[43].

4. „Generation 1000 Euro"

Während Berlusconi seinen arbeitsmarktpolitischen Kurs im Verein mit Italiens größtem Arbeitgeberverband *Confindustria* als richtig und zukunftweisend verteidigte, hagelte es Kritik aus

---

[41] Das verunsicherte Volk, in: Der Spiegel vom 16.8.2004, S. 22–38, hier S. 23.
[42] Stefan Köppl, Das politische System Italiens. Eine Einführung, Wiesbaden 2007, S. 155.
[43] Vgl. Jean Blondel/Paolo Segatti, The second Berlusconi Government, in: Italian Politics 18 (2003), S. 19–35, hier S. 27.

dem Lager der Opposition. Die Aushöhlung des Normalarbeitsverhältnisses wurde dabei ebenso beklagt wie das undurchsichtige Gewirr neuer Vertrags- und Beschäftigungsformen und die Fixierung auf die Anzahl neuer Arbeitsplätze ohne Rücksicht auf ihre Qualität[44]. Am schwersten wog jedoch der Vorwurf, die Strategie der Flexibilisierung und Deregulierung habe entscheidend dazu beigetragen, dass ein neues Prekariat entstanden sei – eine wachsende Schicht schlecht bezahlter Arbeitnehmer in atypischen Beschäftigungsverhältnissen, die nur ein Minimum sozialstaatlicher Schutz- und Teilhaberechte konstituierten. Man habe es mit einem wahren „Heer vornehmlich von Berufseinsteigern" zu tun, das „sich permanent mit Dreimonatsverträgen" durchs Leben schlage, ohne große Hoffnung auf Besserung[45]. Folgerichtig wurden im Wahlkampf des Jahres 2006 wiederholt Forderungen laut, das Rad der Zeit zurückzudrehen und die Arbeitsmarktreformen des *Centrodestra* nach der erhofften Niederlage Berlusconis zur Disposition zu stellen[46]. Wer jedoch erwartet hatte, dass die bis Mai 2008 regierende Mitte-Links-Koalition von Romano Prodi die Weichen neu stellte, wurde enttäuscht. Zwar nahm die neue Regierung Korrekturen vor, um bestimmten Auswüchsen die Spitze abzubrechen und Mißbrauch zu verhindern, aber sie leitete keinen Kurswechsel ein. Berlusconis Comeback entzog weitergehenden Planspielen ohnehin den Boden.

Die Politik der Deregulierung und Flexibilisierung, die in der zweiten Hälfte der 1990er Jahre immer mehr an Fahrt gewann, förderte die Exklusion bestimmter sozialer Gruppen zweifelsohne mehr als ihre Inklusion und vertiefte so die traditionelle Spaltung des italienischen Arbeitsmarkts oder rief gar neue Verwerfungen hervor. Für den bekannten (Berlusconi-kritischen) Arbeitsrechtler Pietro Ichino bedeutete dieser Zustand aber nichts anderes als eine „Art tolerierter Apartheid". Dabei war auch eine gute Ausbildung keine Garantie für einen Liegeplatz im geschützten Hafen sicherer Beschäftigungsverhältnisse. Ungezählte Universitätsabsolventen lernten im Gegenteil die bittere „Mischung aus Unsicherheit, schlechter Bezahlung bei

---

[44] Vgl. Ariemma (Hrsg.), Resa dei conti, S. 250–278.
[45] Süddeutsche Zeitung vom 27.12.2005: „Berlusconis Jobwunder"; das folgende Zitat findet sich ebenda.
[46] Vgl. Frankfurter Allgemeine Zeitung vom 13.4.2006: „Gewerkschaften stellen erste Forderungen an Prodi" und vom 31.5.2006: „Italiens Unternehmen hoffen auf niedrigere Sozialabgaben".

hochqualifizierter Tätigkeit und immensem Druck" kennen[47]. Entsprechend trostlos fiel die Bilanz aus, die der Held eines gefeierten Romans über die „Generation 1000 Euro" zog: „Aber so läuft das heute, selbst bei herausragender Leistung. Wenn das Unternehmen glaubt, das Geld für dich nicht mehr zu haben [...], ist dein Schicksal besiegelt. Dann kannst du bei Bewerbungen überall herumerzählen, dass du deinen Posten ein ganzes Jahr bekleidet hast, erst als Praktikant, dann als Aushilfe, dann als projektbezogener Mitarbeiter, und dass du dann nicht weiterbeschäftigt wurdest, weil sich jemand gefunden hat, der weniger kostet."[48]
Dabei war der ersehnte *posto fisso* beileibe keine Fata Morgana. 2008 standen immerhin noch 13 Millionen Menschen in einem sogenannten Normalarbeitsverhältnis, das heißt sie waren in Vollzeit und unbefristet angestellt. Dies entsprach einem Anteil von 55,6 Prozent aller Beschäftigten, während die 4,8 Millionen Arbeitnehmer in atypischen Beschäftigungsverhältnissen 20,8 Prozent stellten. Allerdings wurde es immer schwieriger, in den erlauchten Kreis derer aufgenommen zu werden, die über einen regulären Arbeitsvertrag verfügten, da sich 60 Prozent der Neueingestellten mit einem Kontrakt aus dem Arsenal des flexibilisierten Arbeitsrechts zufriedengeben mussten[49]. Atypische Beschäftigungsverhältnisse waren und sind jedoch keine abschüssige Sackgasse, an deren Ende automatisch Resignation und Armut stehen. Fabio Berton, Matteo Richiardi und Stefano Sacchi haben in ihrer jüngst erschienenen Studie gezeigt, dass die Dinge weit komplizierter sind und dass Flexibilität und prekäre Existenz nicht zwei Seiten derselben Medaille sein müssen. Die Situation des einzelnen wird vielmehr durch das komplexe Wechselspiel von individuellen Voraussetzungen, Angebot und Nachfrage auf dem Arbeitsmarkt, rechtlichen Regelungen und den Schutzmechanismen des Sozialstaats im Falle von Arbeitslosigkeit bestimmt. Unter günstigen Bedingungen können auch die Arbeitnehmer von flexiblen Vertragskonstruktionen profitieren, die sich leichter ihren jeweiligen Lebensentwürfen anpassen lassen, während die Nachteile atypischer Beschäftigungsverhältnisse überschaubar bleiben.

---

[47] Frankfurter Allgemeine Zeitung vom 25.4.2006: „Generation Promille".
[48] Antonio Incorvaia/Alessandro Rimassa, Generation 1000 Euro, München 2008, S.104.
[49] Vgl. Berton/Richiardi/Sacchi, Flex-insecurity, S.22 und S.311; zum Folgenden vgl. ebenda, S.73–108.

In Italien sind die Risiken freilich größer als die Chancen. Die Reformen der letzten 15 Jahre haben zwar den Arbeitsmarkt dereguliert, an der mehrfachen Spaltung zwischen Nord und Süd, *Insidern* und *Outsidern* oder Berufsanfängern und arrivierten Beschäftigten aber wenig geändert. Zudem blieb ein flankierender Umbau der sozialen Sicherungssysteme aus, denn während das Drehen an der Flexibilisierungsschraube den Staat zumindest zunächst kein Geld kostete, verhinderten nicht zuletzt die leeren öffentlichen Kassen wirksame Maßnahmen, um neben der Flexibilität des Arbeitsmarkts auch die Sicherheit der Arbeitnehmer zu erhöhen. Dieses Versäumnis könnte sich jedoch auf lange Sicht rächen, denn schon jetzt gibt es Stimmen, die vor den Folgen der unheilvollen Verbindung aus kurzfristigen Arbeitsverträgen und wiederholter Arbeitslosigkeit warnen und darauf hinweisen, es sei für viele Menschen ein Glücksspiel geworden, unter diesen Bedingungen nennenswerte Rentenansprüche zu erwerben[50]. Von der vielzitierten *Flexicurity* kann daher kaum die Rede sein. Die Interdependenz von gewachsenen Strukturen und neoliberal gefärbter Politik führte vielmehr zu einer spezifischen Form der *Flex-insecurity*, die von lebensgeschichtlicher Unsicherheit und neuen Formen sozialer Ungleichheit gekennzeichnet ist. Berlusconi und seine Regierungsmannschaft haben einiges zu dieser Konstellation beigetragen, die Alleinverantwortlichen aber sind sie nicht.

---

[50] Vgl. La Repubblica vom 29.1.2007: „Per i precari la pensione è quasi una scommessa".

Ugo Trivellato
Arbeitsbeziehungen nach Gutsherrenart
Flexibilisierung und Unsicherheit in der Ära Berlusconi

1. Vom Schein der Erstarrung

Der italienische Arbeitsmarkt gilt als ausgesprochen starr. Die notwendige Modernisierung sei, so kann man häufig lesen, bislang an den vielen administrativen und gesetzlichen Hürden gescheitert. Das ist jedoch nur bedingt richtig, denn bereits in den 1980er Jahren lag der sogenannte *gross worker turnover*, ein wichtiger Indikator zur Bestimmung der Mobilität von Arbeitnehmern, bei rund 70 Prozent[1]. Zwar ist der italienische Arbeitsmarkt, bedingt durch Bürokratie, hohe Kosten bei Entlassungen und Neueinstellungen sowie das unübersichtliche Arbeitsrecht tatsächlich vergleichsweise unbeweglich, allerdings entzog sich ein beträchtlicher Teil der Unternehmen schon früh den entsprechenden Fesseln und Restriktionen[2].

Wie war das möglich? Im Großen und Ganzen lassen sich vier Faktoren ausmachen: Erstens stellt Italien mit seinen vielen Kleinbetrieben einen Sonderfall unter den westlichen Industrieländern dar; 90 Prozent der Betriebe im sekundären und (privaten) tertiären Sektor, die die Hälfte aller Arbeitnehmer beschäftigen, zählen weniger als 15 Mitarbeiter. Das hat in zweifacher Hinsicht weitreichende Konsequenzen: Zum einen verschwinden Kleinbetriebe ebenso schnell wie neue die Bühne betreten, weswegen auch der Arbeitsmarkt in permanenter Bewegung ist. Zum anderen eröffnet ein Kleinbetrieb mit weniger als 15 Mitarbeitern die Möglichkeit, Regelungen des Arbeitsrechts und der Sozialgesetzgebung zu umgehen, denn für solche Minibetriebe greifen ganz andere Richtlinien als für mittelständische Firmen und Großunternehmen.

---

[1] Das heißt, innerhalb eines Jahres kündigt etwa je ein Drittel aller Beschäftigten den Job oder geht ein neues Arbeitsverhältnis ein.
[2] Vgl. den Überblick bei Maurizio Ferrera, Le politiche sociali. L'Italia in prospettiva comparata, Bologna 2006; Elisabetta Gualmini, La politica del lavoro, Bologna 1998; Salvatore Pirrone/Paolo Sestito, Disoccupati in Italia. Tra Stato, Regioni e cacciatori di teste, Bologna 2006.

Zweitens gibt es in Italien eine ganze Reihe von Möglichkeiten, die sich geschickt dazu nutzen lassen, den Arbeitsmarkt zu flexibilisieren und die Kosten zu reduzieren. Das gilt insbesondere für den Bereich der Aus- und Weiterbildung. Im Handwerk etwa ist die an sich vorgeschriebene schulische Begleitausbildung völlig unterentwickelt. Diese Formen der verdeckten Arbeitsmarktflexibilisierung haben seit Mitte der 1980er Jahre stark zugenommen, wie die *Contratti di Formazione e Lavoro* zeigen, die das Ziel hatten, Jugendliche bereits vor dem Ende ihrer Schulzeit in den Beruf abzuziehen. Drittens ist in Italien die Kluft zwischen Rechtsnorm und Rechtspraxis ausgesprochen groß, wobei es von den gesellschaftlichen Kräfteverhältnissen abhängt, wie weit Anspruch und Wirklichkeit tatsächlich auseinanderklaffen. Bis Mitte der 1980er Jahre etwa sorgten die Gewerkschaften für eine gewisse Balance. Als deren Macht jedoch kontinuierlich schwand, fanden arbeitsrechtliche Bestimmungen immer weniger Beachtung, zumal die Aufsichtsbehörden nicht so genau hinsahen und kaum wirksame Sanktionsmechanismen zur Verfügung hatten. Mit anderen Worten: Verstöße gegen geltende Bestimmungen wurden gar nicht erst verfolgt. Das auffälligste Phänomen dieser Entwicklung ist die seit langem bestehende Schattenwirtschaft.

Viertens waren und sind die Kosten für Entlassungen und Einstellungen vor allem in der Industrie kein so großes Hindernis, wie gemeinhin behauptet wird. Auch wenn Kündigungen ohne triftigen Grund für größere Unternehmen nach dem geltenden Arbeitsrecht mit höheren Kosten verbunden sind als für Kleinbetriebe, hat dieser Aspekt kaum Auswirkungen auf die Entscheidungen der Firmenchefs, die Schwelle von 15 Beschäftigten zu überschreiten oder nicht[3]. Dafür gibt es mehrere Gründe: Zum einen kennt der italienische Wohlfahrtsstaat mit der *Cassa Integrazione Guadagni* (CIG) und der *Cassa Integrazione Guadagni Straordinaria* (CIGS) Institutionen, die es auch Betrieben mit mehr als 15 Beschäftigten in Zeiten konjunktureller, aber auch struktureller Krisen ermöglichen, ihre Belegschaften zeitweise zu reduzieren, ohne Entlassungen vornehmen zu müssen. Die kurzarbeitenden oder vorübergehend freigesetzten Arbeitnehmer erhalten dabei weiterhin einen erheblichen Teil ihres Gehalts. Seit 1991 gibt es zudem mit den *Liste di mobilità*

---

[3] Vgl. Fabiano Schivardi/Roberto Torrini, Identifying the effects of firing restrictions through size-contingent differences in regulation, in: Labour Economics 15 (2008), S. 482–511.

ein arbeitsmarktpolitisches Instrument, das Arbeitnehmern in bestimmten Fällen den Übergang von einem Beschäftigungsverhältnis in ein anderes erleichtern und sie gleichzeitig in besonderer Form vor den materiellen Folgen der Arbeitslosigkeit schützen soll. Überdies ist es nach wie vor gängige Praxis, überzählige Belegschaftsmitglieder vorzeitig in den Ruhestand zu schicken, was allerdings voll zu Lasten der Steuerzahler geht[4].

Alles in allem kann man feststellen, dass es in Italien schon vor dem Amtsantritt Silvio Berlusconis aufgrund der typischen Wirtschaftsstruktur und der Beschaffenheit des stark segmentierten Arbeitsmarkts eine beachtliche Flexibilität gab. Allerdings ist hier festzuhalten, dass die *ammortizzatori sociali* – wörtlich übersetzt: die sozialen Stoßdämpfer – des italienischen Wohlfahrtsstaats, die die Arbeitsbeziehungen und die Sicherung der Arbeitnehmer regeln, die Bruchlinien des Arbeitsmarkts abbilden, diesen folgen und sie verstärken[5]. So ist es von erheblicher Bedeutung, wo ein Arbeitnehmer beschäftigt und auf welcher vertraglichen Basis er angestellt ist: Für den öffentlichen Dienst gelten andere Regelungen als für die Industrie und das private Dienstleistungsgewerbe, wobei Arbeitnehmer in der Industrie besonderen Schutz genießen. Die Beschäftigten von Groß- und Kleinbetrieben werden unterschiedlich behandelt, was vor allem für die Belegschaften in Unternehmen mit bis zu 15 Beschäftigten zahlreiche Nachteile mit sich bringt. Die Art des Arbeitsvertrags hat entscheidenden Einfluss auf die Ansprüche eines Arbeitnehmers, denn hier haben diejenigen das Nachsehen, die nur in einem befristeten oder auf andere Weise atypischen Beschäftigungsverhältnis stehen. Diese Faktoren bestimmen nicht zuletzt, welche Leistungen ein Arbeitnehmer erwarten kann, wenn er seinen Job verloren hat. Hier wird strikt unterschieden zwischen: Personen, die von großen Betrieben freigestellt oder gar entlassen wurden; Arbeitslosen mit einem vorangegangenen Beschäftigungsverhältnis und arbeitslosen Berufseinsteigern. Die erste Gruppe kann zumeist mit der Unterstützung von Institutionen wie der

---

[4] Vgl. Bruno Contini/Ugo Trivellato, Dinamiche e persistenze nel mercato del lavoro italiano: una sintesi, in: dies. (Hrsg.), Eppur si muove. Dinamiche e persistenze nel mercato del lavoro italiano, Bologna 2005, S. 13–84.

[5] Vgl. Bruno Anastasia/Massimo Mancini/Ugo Trivellato, Il sostegno al reddito dei disoccupati: note sullo stato dell'arte. Tra riformismo strisciante, inerzie dell'impianto categoriale e incerti orizzonti di „flexicurity", Rom 2008 (ISAE Working paper Nr. 112).

Cassa Integrazione rechnen. Arbeitslose, die zuvor in kleinen Betrieben gearbeitet hatten, erhalten dagegen die reguläre Arbeitslosenhilfe, die bis zum Jahr 2000 ausgesprochen niedrig bemessen war. Die arbeitslosen Berufseinsteiger hingegen gehen leer aus.

2. Flexibilisierung und soziale Sicherung: Kontinuität und Diskontinuität zwischen Mitte-Rechts und Mitte-Links

Arbeitsmarktpolitik stand nicht auf der Tagesordnung der kurzlebigen ersten Regierung Berlusconi, die mit ganz anderen Problemen zu kämpfen hatte. Nach dem Rücktritt des *Cavaliere* im Januar 1995 wechselten sich Mitte-Links- und Mitte-Rechts-Regierungen ab. Dabei leitete das erste Kabinett Prodi eine Politik ein, die auf eine Flexibilisierung der Arbeitsbeziehungen bei einer gleichzeitigen Reform des Sozialstaats zielte und der Öffentlichkeit als ein Programm zur Modernisierung des Landes präsentiert wurde. Berlusconi schien nach seinem Comeback 2001 zunächst die Arbeitsmarktpolitik seiner Vorgänger fortführen zu wollen, vollzog dann aber einen entschiedenen Kurswechsel[6].

Die staatlichen Interventionen im Bereich der sozialen Sicherung begannen 1995 mit der Regierung Dini – formell ein Kabinett nicht parteigebundener Experten, das aber von den Mitte-Links-Parteien und der *Lega Nord* unterstützt wurde. In Lamberto Dinis Amtszeit fiel eine wegweisende Rentenreform, die freilich ernste Probleme ungelöst ließ. Die erste Regierung Prodi ergriff dagegen eine bemerkenswerte Maßnahme zur Regulierung der Arbeitsbeziehungen. Das Gesetzespaket von Arbeitsminister Tiziano Treu sah 1997 als wichtigste Neuerung die Einführung von Zeitarbeit vor und zielte auf die Ränder des Arbeitsmarkts, da sie vor allem für Neueinsteiger gedacht war. Die Reform blieb jedoch unvollendet, da der ursprünglich angedachte Umbau des Sozialstaats auf sich warten ließ. Die entsprechenden Vorschläge der *Commissione Onofri*, die der Frage nach der Vereinbarkeit des Sozialbudgets mit der gesamtwirtschaftlichen Lage nachgehen sollte[7], hatten keine Konsequenzen. Das lag am überraschenden Sturz Prodis ebenso wie an den instabilen

---

[6] Vgl. hierzu auch den Beitrag von Thomas Schlemmer in diesem Band.
[7] Vgl. Commissione per l'analisi delle compatibilità macroeconomiche della spesa sociale. Relazione finale, Rom 1997.

Koalitionsregierungen seiner Nachfolger und am fehlenden Interesse an dieser Thematik, das auch im Mitte-Links-Lager verbreitet war. Erst gegen Ende der Legislaturperiode ging es mit den Sozialstaats- und Arbeitsmarktreformen wieder einen Schritt voran: Die Regierung Amato hob 2001 nicht nur die Arbeitslosenunterstützung von 30 auf 40 Prozent der letzten Bezüge an. Zudem wurde die Anspruchsberechtigung für Arbeitslose, die das 50. Lebensjahr überschritten hatten, von sechs auf neun Monate ausgedehnt.

Die zweite Regierung Berlusconi folgte nach 2001 beim Thema Arbeit bis zu einem gewissen Grad zunächst den Überlegungen der *Commissione Onofri,* wie das auf eine Arbeitsgruppe unter Leitung von Marco Biagi zurückgehende Weißbuch zeigt, das vom Arbeits- und Sozialministerium in Auftrag gegeben worden war[8]. Dann aber wechselte die Mitte-Rechts-Koalition den Kurs und initiierte zwei wichtige Gesetze, die es erleichterten, befristete Arbeitsverträge abzuschließen, und neue Beschäftigungsverhältnisse wie *Job-on-Call* und *Job-Sharing* ermöglichten, deren Bedeutung allerdings begrenzt blieb. Zudem trieb die Regierung die Reform der Arbeitsvermittlung voran, die zu einem Instrument der aktiven Arbeitsmarktpolitik ausgebaut werden sollte; private Zeitarbeitsfirmen konnten seither einen beträchtlichen Bedeutungszuwachs verbuchen.

Die Folgen der Arbeitsmarktreformen lassen sich an der in Tabelle 1 dokumentierten Stellung Italiens im Index der *Employment Protection Legislation* (EPL) ablesen. Von den späten 1980er Jahren bis zum Jahr 2003 lag der Index für die unbefristeten Arbeitsverträge bei 1,8. Italien zählte damit zu den Ländern mit den flexibelsten Arbeitsmärkten. Was die befristeten Beschäftigungsverhältnisse betrifft, fiel der Index für Italien von 5,4 in den späten 1980er Jahren auf 2,1 im Jahr 2003 – ein Wert, der im europäischen Durchschnitt lag.

Während die Regierung also auf Flexibilisierung setzte, verschwand die andere Leitidee des Weißbuchs in der Schublade, das als flankierende Maßnahme auch die Reform des Sozialstaats angemahnt hatte. Der Arbeitsmarkt sollte für die Beschäftigten sicherer gemacht werden, und zwar durch ein Netz von Unterstützungseinrichtungen, die den Arbeitslosen einerseits ein

---

[8] Vgl. Libro Bianco sul mercato del lavoro in Italia. Proposte per una società attiva e per un lavoro di qualità, hrsg. vom Arbeits- und Sozialministerium, Rom 2001 (www.lavoro.gov.it/NR/donlyres/376B2AF8-45BF-40C7-BBF0-F9032F1459D0/0/librobianco.pdf).

Tabelle 1: Grad der Arbeitsmarktregulierung (EPL-Index) in ausgewählten europäischen Staaten

	Reguläre Beschäftigung			Befristete Beschäftigung		
	späte 1980er Jahre	späte 1990er Jahre	2003	späte 1980er Jahre	späte 1990er Jahre	2003
Portugal	4,8	4,3	4,3	3,4	3,0	2,8
Niederlande	3,1	3,1	3,1	2,4	2,4	1,2
Spanien	3,9	2,6	2,6	3,8	3,3	3,5
Frankreich	2,3	2,3	2,5	3,1	3,6	3,6
Griechenland	2,5	2,4	2,4	4,8	4,8	3,3
Belgien	1,7	1,7	1,7	4,6	2,6	2,6
Deutschland	2,6	2,6	2,6	3,8	2,3	1,8
Schweden	2,9	2,9	2,9	4,1	1,6	1,6
Finnland	2,8	2,3	2,2	1,9	1,9	1,9
Österreich	2,9	2,9	2,4	1,5	1,5	1,5
Italien	*1,8*	*1,8*	*1,8*	*5,4*	*3,6*	*2,1*
Dänemark	1,5	1,5	1,5	3,1	1,4	1,4
Irland	1,6	1,6	1,6	0,3	0,3	0,6
Großbritannien	0,9	0,9	1,1	0,3	0,3	0,4

Quelle: OECD Employment Outlook, Paris 2004.

ausreichend hohes Einkommen garantieren und ihnen andererseits durch effektive Arbeitsvermittlung und Fortbildung die Wiedereingliederung in das Berufsleben ermöglichen sollten.

Was die industriellen Beziehungen anbelangte, schlug die zweite Regierung Berlusconi einen neuen Weg ein, der dann in der dritten Amtszeit des *Cavaliere* weiter verfolgt wurde. Mit starker Unterstützung des Industriellenverbands ging die Mitte-Rechts-Koalition daran, den Einfluss der Gewerkschaften zu beschneiden, wobei ihr in besonderer Weise daran gelegen war, die starke linke Gewerkschaftsbewegung CGIL von den anderen Richtungsgewerkschaften zu isolieren. Die Regierung eröffnete diese Auseinandersetzung mit einem Versuch, den Artikel 18 des Arbeitnehmerstatuts von 1970 zu reformieren, der die Arbeitnehmer in Betrieben mit mehr als 15 Beschäftigten vor unbegründeter Entlassung schützte. Dieser Vorstoß hatte vor allem symbolischen Wert, und gerade deshalb kam es zu einer ideologisch aufgeladenen Auseinandersetzung, die dazu geeignet schien, die Kräfteverhältnisse in Italien nachhaltig und öffentlichkeitswirksam zu verschieben[9]. Die Antwort der Gewerkschaften ließ nicht lange auf sich warten: Im März 2002 kam es in Rom zu beeindruckenden Massendemonstrationen. Die Regierung ging angeschlagen aus dieser Auseinandersetzung hervor und legte die Reform des Artikels 18 auf Eis.

Der Plan, einen Keil zwischen die Gewerkschaften zu treiben und die CGIL zu isolieren, ging dagegen auf. Die Regierung schlug einen symbolträchtigen „Pakt für Italien" vor, um die Arbeitsvermittlung zu reformieren, zielte dabei aber weniger auf Sachfragen als auf eine Neuausrichtung der industriellen Beziehungen. Als die Regierung und die wichtigsten Gewerkschaften den Pakt im Juli 2002 unterzeichneten, fehlte die CGIL. Dieser Bruch innerhalb der organisierten Arbeiterbewegung hatte dauerhafte Konsequenzen für wichtige Sektoren der Wirtschaft wie die metallverarbeitende Industrie, wo sich die verschiedenen Einzelgewerkschaften häufig nicht auf eine Linie bei Tarifverhandlungen einigen konnten. Trotz dieser erfolgreichen Strategie des divide et impera blieb das Verhältnis zwischen den Gewerkschaften und der Regierung Berlusconi schwierig. Dies zeigte etwa die Debatte um die finanziellen Aspekte der Rentenreform von Lamberto Dini, wobei vor allem die von Arbeitsminister Roberto Maroni durchgesetzte Anhebung des Renteneintrittsalters von 57 auf 60 Jahre umstritten war, die am 1. Januar 2008 wirksam werden sollte und wegen dieser strengen Stichtagsregelung viel böses Blut machte.

Kurz vor Ablauf der Legislaturperiode kündigte die Regierung schließlich zwei Maßnahmen an, die ebenfalls für erheblichen Aufruhr sorgten. In einem mit heißer Nadel gestrickten Gesetz zur Wettbewerbsfähigkeit wurde die Arbeitslosenunterstützung angehoben und ihre Bezugsdauer ausgedehnt – allerdings nur zeitlich befristet bis zum Jahr 2006. Die Tragweite einer anderen Maßnahme wurde erst auf den zweiten Blick sichtbar: So eröffnete der Haushalt für 2005 abweichend von den bisher geltenden Bestimmungen die Möglichkeit, die Leistungen der CIGS und der *Liste di mobilità* auf weitere Sektoren der Wirtschaft und auf Regionen auszuweiten, die von Beschäftigungskrisen betroffen waren. Diese Bestimmung sollte auch in die Haushaltsgesetze der folgenden Jahre Eingang finden.

---

[9] Vgl. Aris Accornero/Eliana Como, The (failed) Reform of Article 18, in: Italian Politics 18 (2003), S. 199–220.

Nachdem Romano Prodi im Mai 2006 Silvio Berlusconi als Ministerpräsident abgelöst hatte, knüpfte die Mitte-Links-Regierung an ihre Reformen aus den 1990er Jahren an und nahm dabei auch Impulse für eine neue Politik der *Flexicurity* auf, die von der OECD und der Europäischen Kommission ausgegangen waren[10]. Zunächst stellten Prodi und seine Mannschaft im Haushalt für 2007 die ursprünglich nur temporären Verbesserungen beim Arbeitslosengeld auf Dauer, die das Kabinett Berlusconi zwei Jahre zuvor auf den Weg gebracht hatte. Dann folgten harte Verhandlungen mit Gewerkschaften und Arbeitgeberverbänden, die im Juli 2007 in ein später in Gesetzesform überführtes *Protocollo sul welfare* mündeten. Drei Punkte erwiesen sich als besonders wichtig: die Modifikation von Maronis Rentenreform, die einer stufenweisen Erhöhung des Renteneintrittsalters von 58 auf 62 Jahre zwischen 2008 und 2013 den Vorzug vor einer Stichtagsregelung gab; der Ausbau der Arbeitslosenunterstützung, deren Bezugsdauer ausgedehnt (für Arbeitnehmer unter 50 Jahre auf acht, für ältere Arbeitnehmer auf 12 Monate) und deren Niveau angehoben wurde (während der ersten sechs Monate wurde 60 Prozent des früheren Entgelts gezahlt, für die folgenden beiden Monate 50 Prozent), ohne freilich die Zugangsvoraussetzungen zu verbessern. Diese Regelung musste sich insbesondere auf einem zunehmend von kurzfristigen Beschäftigungsverhältnissen geprägten Arbeitsmarkt negativ bemerkbar machen, die vielen Arbeitnehmern nicht mehr genügend Zeit ließen, um Ansprüche auf Unterstützungsleistungen zu erwerben. Schließlich entwickelte die Regierung Leitlinien für eine Reform des Arbeitsrechts und des Sozialstaats insgesamt, die jedoch nicht umgesetzt werden konnten, weil das Kabinett Prodi bereits Anfang 2008 zerbrach.

3. Berlusconis zweites Comeback

Der *Cavaliere* trat nach seinem erneuten Wahlsieg vom April 2008 mit dem erklärten Anspruch an, die Reformen Prodis rückgängig zu machen. Dass die neue Mitte-Rechts-Regierung den Bruch wollte, zeigte sich schon daran, dass sie die gesetzlich vorgesehe-

---

[10] Vgl. Towards common principles of flexicurity: More and better jobs through flexibility and security, hrsg. von der Commission of the European Communities, Brüssel 2007.

nen Fristen zur Umsetzung der bereits angestoßenen Projekte zum Umbau des Sozialstaats einfach verstreichen ließ. Stattdessen knüpfte der *Centrodestra* in seiner Politik gegenüber den Gewerkschaften dort an, wo er 2006 hatte aufhören müssen. Am 22. Januar 2009 einigte sich die Regierung mit den Sozialpartnern gegen den Willen der linken Gewerkschaft CGIL – und dies entsprach durchaus den Wünschen der Regierung – auf ein Abkommen zur Reform kollektiver Arbeitsverträge, das vor allem auf zwei Neuerungen zielte: Zum einen sollten Tarifverträge auf betrieblicher und regionaler Ebene auf Kosten landesweiter Vereinbarungen aufgewertet werden, zum anderen sollte ein neuer Mechanismus die Anpassung der Gehälter an die Inflation sicherstellen. Als Grundlage dafür war ein Index gedacht, der auf der Basis der Konsumpreise im europäischen Rahmen berechnet und um die Preisentwicklung bei wichtigen Energieträgern bereinigt werden sollte.

Diese Planungen traten jedoch völlig in den Hintergrund, als die weltweite Wirtschaftskrise einsetzte, die rasch auf den Arbeitsmarkt durchschlug. Das Kabinett Berlusconi reagierte zunächst unsicher, handelte dann aber mit zunehmender Entschlossenheit. Ihre Grundhaltung lässt sich dabei folgendermaßen zusammenfassen: Es sei nicht die Zeit für Reformen, vielmehr seien schnelle Eingriffe gefragt, um der Krise zu begegnen. Die Regierung setzte also, mit anderen Worten, auf kurzfristige Notmaßnahmen, verabschiedete sich von der Idee eines weitreichenden Umbaus des Sozialstaats und weitete den Kreis derer von Fall zu Fall aus, die Ansprüche auf Unterstützungsleistungen erheben können. Die entsprechenden Bestimmungen, die für die Dauer von drei Jahren Auszubildenden, freigestellten Arbeitnehmern und Arbeitnehmern in atypischen Beschäftigungsverhältnissen zugute kommen sollten, machten die Ausnahme von den geltenden Rechtsnormen gleichsam zur Regel, stärkten die Peripherie durch die Einrichtung von tripartistischen Kommissionen zur Lösung spezifischer Arbeitsmarktprobleme in den Regionen und förderten die soziale Desintegration, indem sie die gewährten Wohltaten auffallend ungleich verteilte. Schließlich konzentrieren sich die staatlichen Eingriffe primär darauf, Arbeitsplätze zu erhalten. Dagegen wurden die Unterstützungsleistungen für Arbeitslose nicht erhöht, und man hielt es auch nicht für angebracht, die rigiden, von der vorherigen Beschäftigungsdauer abhängigen Zugangsbedingungen zu lockern. Welche gravierenden Folgen das hat, zeigt Tabelle 2: Mehr als zwei Drittel der Arbeitnehmer, deren Beschäftigungs-

Tabelle 2: Daten zur einfachen Arbeitslosenunterstützung (IDO) in der Region Veneto im Jahr 2007

	Aufgelöste Arbeitsverhältnisse (in Tausend)	Anteil in %	Anträge auf IDO nach unfreiwilliger Auflösung des Arbeitsverhältnisses	Anspruchsberechtigt nach unfreiwilliger Auflösung des Arbeitsverhältnisses
Gesamtzahl der unfreiwillig aufgelösten Arbeitsverhältnisse	354	100,0		
bei einer Dauer der Arbeitslosigkeit von ≤ 7 Tagen	*61*	*17,2*		
Anträge auf IDO nach unfreiwilliger Auflösung des Arbeitsverhältnisses	293	82,8	100,0	
Ohne die erforderlichen Beitragszeiten *	*15*		*5,1*	
Ohne die erforderlichen Versicherungszeiten **	*100*		*34,1*	
Keine der beiden Voraussetzungen zutreffend	*81*		*27,7*	
Anspruchsberechtigt nach unfreiwilliger Auflösung des Arbeitsverhältnisses	97	31,1		100,0
Dem Arbeitsamt nicht als arbeitssuchend gemeldet	*53*		*18,1*	*54,6*
Dem Arbeitsamt als arbeitssuchend gemeldet	44		15,0	45,4

* Beiträge für mindestens 52 Wochen in den vorangegangenen zwei Jahren.
** Beiträge für mindestens eine Woche in den vergangenen beiden Jahren.

Quelle: Zusammenstellungen nach der Arbeitsmarktstatistik für die Region Veneto.

verhältnisse unfreiwillig endeten, hatten keinem Anspruch auf Arbeitslosengeld.

Alles in allem erscheint diese Politik wenig überzeugend. Manches war sicher dem Zeitdruck geschuldet, dem sich die Regierung ausgesetzt sah, um das Einkommen besonders von der Krise betroffener Arbeitnehmer und ihrer Familien zu sichern sowie den Absturz des Konsums aufzuhalten. Zugleich haben diese Maßnahmen jedoch auch bestehende Ungleichheiten noch einmal verschärft. Die Kluft zwischen Arbeitslosen und nur zeitweilig freigestellten Arbeitnehmern, die ohnehin privilegiert sind, ist noch einmal größer geworden. Die Regierung Berlusconi hat hier auf vermeintlich bewährte Instrumente gesetzt, die den Arbeitslosen nicht wirklich helfen. Diese Politik dürfte sich aber als kurzsichtig erweisen, begünstigt sie doch die Persistenz ökonomischer Strukturen, die dringend der Innovation bedürften.

4. Auf dem Weg zum fragmentierten Klientelsozialstaat

Welche Signatur besitzt nun die Arbeitsmarktpolitik des *Centrodestra* zwischen 2001 und 2006 sowie seit 2008? Beginnen wir mit einem Blick auf ihre Ergebnisse, die sich folgendermaßen zusammenfassen lassen: Bevor in der zweiten Hälfte des Jahres 2008 die Wirtschaftskrise ausbrach, konnte man ein deutliches Wachstum der Beschäftigung verzeichnen. Dieses Wachstum war nicht zuletzt auf den Abbau von Hürden für befristete Arbeitsverhältnisse zurückzuführen, der von einem deutlichen Anstieg atypischer Beschäftigungsverhältnisse begleitet wurde. Auf dieser Basis sind rund drei Millionen Italienerinnen und Italiener beschäftigt, zumeist junge Leute, Frauen und Immigranten, deren soziale Absicherung sich zwar leicht verbesserte, aber nach wie vor folgenschwere Lücken aufweist.

Diese Entwicklung führte zu einer weiteren Segmentierung des Arbeitsmarkts. Für einen Teil der Berufseinsteiger bot ein atypisches Beschäftigungsverhältnis die Chance, eine normale Anstellung zu finden. Nicht wenige tappten jedoch in die Prekariatsfalle, denn die Chancen und Risiken eines atypischen Beschäftigungsverhältnisses hingen stark vom ökonomischen Kontext ab. So macht es nach wie vor einen großen Unterschied, ob man im *Mezzogiorno* auf Arbeitssuche geht oder in den wohlhabenden Regionen Nord- und Mittelitaliens[11]. Für nachfolgende Generationen ist der Weg in den Billigjob schon vorgezeichnet[12]. Hier zeigt sich letztlich auch der Zusammenhang von stagnierender Produktivität und einer Umverteilung der Einkommen zugunsten der Profite und der Renditen.

---

[11] Vgl. Fabio Berton/Matteo Richiardi/Stefano Sacchi, Flex-insecurity. Perché in Italia la flessibilità diventa precarietà, Bologna 2009.
[12] Vgl. Andrea Brandolini, Indagine conoscitiva sul livello dei redditi da lavoro nonché sulla distribuzione della ricchezza in Italia nel periodo 1993–2008, Anhörung im Ausschuss für Arbeit des Senats am 21.4.2009.

Was die soziale Sicherung angeht, so ist in Italien zwar eine geringfügige Verbesserung der Lohnersatzleistungen zu verzeichnen, zugleich wird jedoch eine Politik fortgeschrieben, die eine weitere Segmentierung begünstigt; zugespitzt könnte man beinahe von einer „Balkanisierung" des Arbeitsmarkts sprechen. So wächst das Problem sozialer Ungleichheit immer weiter an. Überdies bringt die selbstbewußte Ankündigung, neue Wege jenseits bisher geltender Regelungen zu beschreiten, mehr Nachteile als Vorteile mit sich. Zwar kann auf diese Weise in Krisenzeiten rascher interveniert werden, aber zugleich öffnen sich sozial- und arbeitsmarktpolitischen Akteuren wie Regionen, Gewerkschaften oder Unternehmerverbänden Handlungs- und Verhandlungsspielräume, die gefährlich werden können. Die Politik der vorläufigen, von der gängigen Praxis abweichenden Entscheidungen erweitert Ermessensspielräume, untergräbt das Versicherungsprinzip, verschärft das Problem fehlender Verteilungsgerechtigkeit und treibt die Sozialausgaben in die Höhe, da die Kosten letztlich auf die Beitragszahler abgewälzt werden können.

Diese Politik ist aber auch angesichts der veränderten Arbeitsbeziehungen und der Umbrüche in der Wirtschaft und auf dem Arbeitsmarkt nicht zielführend. Viele Experten sind der Meinung, dass es nach dem Ende der Krise im Rahmen einer nachhaltigen Erholung der Wirtschaft zu einer tiefgreifenden Restrukturierung des volkswirtschaftlichen Produktionsapparats kommen wird. Dieser Prozess erfordert aber weniger einkommenssichernde Maßnahmen für freigesetzte Arbeitskräfte als ein effizientes, am Modell der *Flexycurity* orientiertes System, das durch die richtige Mischung aus aktiver und passiver Arbeitsmarktpolitik zu einer raschen Wiederbeschäftigung derjenigen führt, die ihren Job verloren haben.

Die Bilanz fällt also negativ aus. Jenseits der strukturellen Probleme Italiens wie der hohen Staatsverschuldung, der mittelmäßigen Verwaltung oder dem unzureichenden Bürgersinn haben die Entscheidungen der Kabinette Berlusconi auch auf dem Feld der Arbeitsmarktpolitik den für mehr Wachstum und soziale Entwicklung nötigen Modernisierungsprozess eher behindert als gefördert. Die Regierung fährt gleichsam auf Sicht, ohne dass mittelfristige Planungen erkennbar wären. Statt dessen biedert sie sich bei den Wählern an und spielt auch in arbeitsmarktpolitischen Fragen nicht selten die populistische Karte. Der *Centrodestra* setzt einseitig auf die Deregulierung der Arbeitsbeziehungen, ohne sich um eine begleitende Reform der sozialen Sicherungssysteme zu bemühen, die angesichts der Herausforderungen durch die zunehmende Verbreitung atypischer Beschäftigungsverhältnisse geboten wäre. Dabei neigt die Mitte-Rechts-Koalition dazu, ihre einer paternalistisch-partikularistischen Logik folgende, reaktive Sozialpolitik den gewachsenen Strukturen des italienischen Wohlfahrtsstaats aufzupfropfen, die auf das erodierende Normalarbeitsverhältnis zugeschnitten sind. Schließlich zielen Berlusconi und seine Mannschaft darauf, die Gewerkschaften systematisch zu schwächen, einen Keil zwischen die großen Richtungsgewerkschaften zu treiben und die CGIL zu isolieren.

5. Immer weiter weg von Europa?

Wie aber präsentiert sich diese Politik im europäischen Vergleich? Ein kurzer Blick auf Tabelle 3 genügt, um diese Frage zu beantworten. Sie spiegelt den Stand des Jahres 2007 wider, berücksichtigt also die aktuelle Wirtschaftskrise nicht mehr. Zwar muss man sich hüten, von deskriptiven Befunden auf Kausalitäten zu schließen, dennoch ist das Bild ziemlich eindeutig: Verglichen mit der EU der 15 und vor allem mit ausgewählten Mitgliedsländern zeigt sich der italienische Sozialstaat als wenig effizient; zudem sticht die mangelnde Verteilungsgerechtigkeit ins Auge.

Fragt man nach dem sozioökonomischen Kontext, müssen drei kritische Aspekte genannt werden: die enorme Staatsverschuldung, das mittelmäßige Niveau des Bruttoinlandsprodukts pro Kopf, das rund zehn Prozent unter dem EU-Durchschnitt liegt, und die niedrige Beschäftigungsquote, die daran erinnert, dass Frauen und ältere Erwerbspersonen nach wie vor Schwierigkeiten haben, einen Arbeitsplatz zu finden – vor allem im Süden des Landes. Zudem ist das Sozialbudget im Vergleich zum Bruttoinlandsprodukt ziemlich niedrig und wird weitgehend von den Aufwendungen für die Renten aufgefressen. Die Ausgaben für die Arbeitsmarktpolitik stagnieren bei 1,3 Prozent des Bruttoinlandsprodukts, während der EU-Durchschnitt bei zwei Prozent liegt; Deutschland und Dänemark verwenden sogar zwischen drei bis vier Prozent des Bruttoinlandsprodukts für den Arbeitsmarkt. Erschwerend kommt hinzu, dass es Italien kaum gelingt, Personen mit niedrigem Einkommen zu entlasten; Dänemark oder Schweden sind hier weitaus erfolgreicher. Dies zeigt auch der Gini-Koeffizient, mit dem sich der Grad sozialer Ungleichheit anhand der Einkommensverteilung messen lässt.

*Tabelle 3a: Arbeitsmarkt- und Sozialstaatsindikatoren
für ausgewählte Staaten Europas (Stand 2007) – Basisdaten*

Land	Basisdaten							Arbeitslosenquote		
	BIP pro Kopf (Index; EU25=100)	Wachstum des BIP in % 1997–2007 (bei konstanten Preisen, 2000)	Staatsverschuldung (in % BIP)	Steueraufkommen (in % BIP, 2006)	Beschäftigungsquote (15-64 Jahre)	Teilzeitbeschäftigte (in % Gesamtbeschäftigte)		gesamt	15-24 Jahre	> 12 Monate
Italien	97,0	15,1	104,0	42,4	58,7	13,6		6,1	20,3	2,9
Dänemark	118,0	21,3	26,0	50,0	77,1	24,1		3,8	7,9	0,6
Schweden	121,0	37,5	40,6	49,7	74,2	25,0		6,1	19,1	0,8
Niederlande	127,0	29,1	45,4	39,9	76,0	46,8		3,2	5,9	1,3
Deutschland	109,0	16,8	65,0	40,6	69,4	26,0		8,4	11,1	4,7
Frankreich	107,0	26,0	64,2	45,6	64,6	17,2		8,3	19,4	3,3
Großbritannien	113,0	33,2	43,8	38,2	71,5	25,2		5,3	14,3	1,3
EU-15	**108,0**	**26,5**	**60,4**	**41,4**	**66,9**	**20,9**		**7,0**	**14,7**	**2,8**

Tabelle 3b: Arbeitsmarkt- und Sozialstaatsindikatoren für ausgewählte Staaten Europas (Stand 2007) – Sozial- und Arbeitsmarktpolitik/Armut und Ungleichheit

Land	Sozial- und Arbeitsmarktpolitik					Armut und Ungleichheit			
	Sozialausgaben (in % BIP; 2005)		Ausgaben für den Arbeitsmarkt (in % BIP; 2006)[1]	Beschäftigte in nicht marktorientierten Bereichen (in % aller Beschäftigten)	Lebenslanges Lernen[2]	Einkommensschwache Personen (%; 2006)		Gini-Koeffizient (2006)
	gesamt	für Renten				Vor Steuern und Abgaben	Nach Steuern und Abgaben	
Italien	26,4	15,5	1,3	26,4	6,2	24,0	20,0	32,0
Dänemark	30,1	11,0	4,1	36,9	29,2	28,0	12,0	24,0
Schweden	32,0	12,5	2,3	37,9	32,0	29,0	12,0	24,0
Niederlande	28,2	11,1	2,7	35,2	16,6	21,0	10,0	26,0
Deutschland	29,4	12,4	3,0	30,8	7,8	26,0	13,0	27,0
Frankreich	31,5	13,0	2,3	36,1	7,4	25,0	13,0	27,0
Großbritannien	26,8	11,8	0,6	34,5	26,6	30,0	19,0	32,0
EU-15	**27,8**	**12,2**	**2,0**	**31,1**	**11,3**	**26,0**	**16,0**	**29,0**

[1] Die Daten für Dänemark stammen aus dem Jahr 2004.
[2] Anteil der Personen zwischen 25 und 64 Jahren, die vier Wochen vor der Erhebung an einer Bildungsmaßnahme teilgenommen haben (in Prozent). Die Daten für Schweden und Großbritannien stammen aus dem Jahr 2006.

Quelle: Zusammenstellung aus den von Eurostat aufbereiteten Statistiken.

Italien spielt dabei mit Großbritannien in einer Liga und ist weit von den Ländern entfernt, die eine Politik der *Flexycurity* ins Werk setzen konnten. Diese Entwicklung verheißt nichts Gutes für eine Umgestaltung des Arbeitsmarkts und eine Reform des Sozialstaats nach den Prinzipien der *Flexycurity*. Dieses überzeugende Konzept wurde von der EU auf die Tagesordnung gesetzt und von Italien zumindest auf dem Papier akzeptiert. Die Politik der Regierung Berlusconi spricht freilich Tag für Tag eine andere Sprache.

Aus dem Italienischen übersetzt von Patrick Bernhard und Thomas Schlemmer.

Gregor Hoppe
Institutionelle Selbstzerrüttung?
Innen- und Rechtspolitik in der Ära Berlusconi

1. Erste oder Zweite Republik?

In Frankreich spricht man von der Fünften Republik, wenn man die gegenwärtigen politischen Verhältnisse meint. In Deutschland setzt sich der Begriff Berliner Republik allmählich durch. In Italien aber ist keineswegs entschieden, in welcher Republik die Bürger leben. Und das, obwohl der Zusammenbruch des alten Parteiensystems und der Beginn der Ära Berlusconi inzwischen gut 15 Jahre zurück liegen. So sicher wie die Erste Republik also Vergangenheit ist, so zweifelhaft scheint es zu sein, ob die Zweite schon begonnen hat.

Gewiss, die Parteienlandschaft hat sich nach den beispiellosen Korruptionsskandalen der 1990er Jahre stark verändert: Mit Silvio Berlusconis *Forza Italia* hat sich im Mitte-Rechts-Spektrum nach dem Fall der Christdemokraten, der Kommunisten und der Sozialisten eine neue Kraft etabliert. Im März 2009 ist die *Forza Italia* mit der *Alleanza Nazionale* in der Partei *Popolo della Libertà* aufgegangen. Die kleinere *Lega Nord* komplettiert das Regierungsbündnis unter Berlusconi, während die Nachfolger der alten *Democrazia Cristiana* (DC) nicht mehr mit von der Partie sind. Im Mitte-Links-Lager ist der *Partito Democratico* (PD) die bestimmende Kraft. Sie ging aus einem Zusammenschluss der Linksdemokraten (den reformierten früheren Kommunisten) mit der linksliberal-katholischen Sammlungspartei *Margeherita* hervor. Nach der letzten parteiinternen Urabstimmung über den Vorsitz (er ging an Pierluigi Bersani, der dem eher traditionellen linken Lager nahesteht) taten sich einige katholische Politiker mit einer Handvoll abtrünniger Christdemokraten zu einer neuen Partei zusammen. Diese Formation spielt jedoch keine größere Rolle. Der Vorgang zeigt aber, dass das Mitte-Links-Lager weit weniger gefestigt ist als die Konkurrenz von Mitte-Rechts. Dort hat sich – trotz der Rivalität zwischen Berlusconi und dem starken Mann der alten *Alleanza Nazionale*, dem Präsidenten der Abgeordnetenkammer Gianfranco Fini – noch keine ernstzunehmende Alternative zu Berlusconi positionieren können, während im Oppositionslager die Partei *Italia dei Valori*

(Italien der Werte) des ehemaligen Mailänder Staatsanwalts Antonio Di Pietro den Demokraten schwer zu schaffen macht und bei den letzten Parlamentswahlen bemerkenswert gut abschnitt. Die kommunistischen Parteien rangieren dagegen unter ferner liefen: weder die *Comunisti Italiani* noch die *Rifondazione Comunista* sind im Parlament vertreten. Man kann also durchaus feststellen, dass die oft beklagte „Unregierbarkeit" Italiens der Vergangenheit angehört. Berlusconi hat von 2001 bis 2006 als erster Premier der Republik eine volle Wahlperiode im Amt bestritten. Und mit noch stabileren Mehrheiten in beiden Parlamentskammern ist er gerade dabei, das zu wiederholen. Insgesamt ist die Parteienlandschaft durch das Entstehen zweier größerer Blöcke übersichtlicher und gleichsam normaler geworden, weil nun sogar echte Machtwechsel möglich sind.

Aber hat sich deshalb auch die Lebenswelt der Italiener verändert? Auf diese Frage würden wohl neun von zehn mit Nein antworten. Die Bürger empfinden die öffentliche Verwaltung nach wie vor als mangelhaft und undurchsichtig. Italien ist kein gerechteres Land geworden, wie Berlusconi es versprochen hat. Die Gräben zwischen Arm und Reich werden immer tiefer. Die Staatsverschuldung galoppiert. Zwar war das traditionell nach außen abgeschirmte Bankenwesen von der Finanzkrise weniger stark betroffen als die Banken in anderen EU-Staaten, weshalb Rom auch nicht zu so umfassenden Sicherungsgarantien gezwungen war wie andere Regierungen. Dies wäre aber bei der beklagenswerten Verfassung der italienischen Staatsfinanzen auch kaum möglich gewesen. Die hohe Staatsverschuldung und die starken Beharrungskräfte in der Gesellschaft verhindern seit Jahrzehnten dringend notwendige Reformen der Verfassung, der Justiz, der sozialen Sicherungssysteme, der Schulen und Universitäten sowie des Steuerrechts. Dabei ist der Wunsch nach einer grundlegenden Änderung der politischen Verhältnisse unter den italienischen Wählern groß, und er ist, mit Blick auf das Ende der Ersten Republik, seit 15 Jahren nicht eingelöst. Eine personelle wie programmatische Erneuerung der italienischen Politik hat bislang nicht statt gefunden.

2. Der Fall der Mauer und der Aufstieg des Anti-Politikers Berlusconi

Der Zusammenbruch des Ostblocks und die Auflösung des Warschauer Pakts hatten erhebliche Auswirkungen für die meisten EU-Staaten – ein wenig zeitversetzt auch in Italien. Der *Partito*

Comunista Italiano (PCI), die mächtigste kommunistische Partei Westeuropas, verlor seinen ideologischen Bezugspunkt und sah sich ebenfalls mit Schmiergeldaffären konfrontiert, die den Erosionsprozess beschleunigten. Angewidert vom verkrusteten System aus politischer Begünstigung und Bestechung, das die Christdemokraten alter Schule und die Sozialistische Partei von Bettino Craxi etabliert hatten, strömten die Wähler der neuen Protestpartei von Berlusconi und der *Alleanza Nazionale* zu, die ihre Wurzeln im neofaschistischen *Movimento Sociale Italiano* hatte. Dass sich – unter diesen Umständen – im reichen Norden mit der *Lega Nord* eine anti-zentralistische, in mancher Hinsicht sogar separatistische Partei etablieren konnte, ist wenig verwunderlich. Seit je her hatte man dort die römische Zentralregierung ja vor allem mit Steuerlasten und einer nicht funktionierenden Verwaltung gleichgesetzt. Im Schmiergeldskandal bestätigten sich für weite Teile der Bevölkerung dieser Verdacht gegen die *Roma ladra*, die weit weg ist und Geld verschlingt, ohne den Menschen zu helfen, und das Misstrauen gegen die Kaste der egoistischen, faulen und privilegierten Politiker in den beiden Parlamentskammern. Der Zusammenbruch des Parteiensystems unter skandalösen Umständen fand zwar viel Beifall, war aber nicht geeignet, die nationale Identität zu stärken. Die uralte Distanz gegenüber dem politischen Betrieb nahm weiter zu, die staatlichen Institutionen und Verfassungsorgane verloren an Reputation und tragen bis heute schwer an diesem Ansehensverlust.

Dies erklärt, warum ein Mann so viel Zulauf erhielt, der sich dezidiert als Anti-Politiker geriert. Berlusconis offen zur Schau getragene Respektlosigkeit gegenüber anderen Verfassungsorganen findet die Billigung oder zumindest Duldung der Wähler, weil die Anfang der 1990er Jahre manifest gewordene Verkommenheit des politischen Systems bis heute nachwirkt. Für viele Wähler ist Silvio Berlusconi nach wie vor *der* Hoffnungsträger im grauen Einerlei der Politik. Dass er das Amt des Ministerpräsidenten bereits zum dritten Mal bekleidet, scheint ebenso vergessen wie die Tatsache, dass er noch kein einziges Mal in diesem Amt bestätigt worden ist. Mit den Erfolgen seiner Regierung kann es also so weit nicht her sein. Den Grund hierfür suchen Berlusconis Wähler aber nicht bei ihm, sondern im mangelhaft funktionierenden „System", das sogar einen energischen Machertypen wie ihn daran hindere, seine Ideen umzusetzen. Berlusconi erscheint – in den Augen seiner Anhänger – wie die personifizierte Antithese zum herkömmlichen politischen

Betrieb. Daher störte sich auch kaum jemand daran, dass seine Partei gleichsam in der Retorte entstand und weder innerparteiliche Demokratie noch interne Debatten kennt. Wer damals, in der Entstehungszeit der *Forza Italia*, die berühmten „Kuchenparties" der Partei besuchte, stellte bisweilen sogar fest, dass viele der Anwesenden keine Ahnung davon hatten, dass sie eine Veranstaltung einer politischen Partei besuchten. Außer einem vagen Freiheitspathos wurde allerdings auch nur die Gegnerschaft zur „Linken" postuliert.

Diese inhaltliche Blässe war der große Vorteil der neuen politischen Kraft, die sich als Alternative zu allem bisher Dagewesenen präsentierte. Für welchen konkreten politischen Kurs die Partei stand, blieb ein einziges großes Fragezeichen. Ob wertkonservativ-katholisch, wirtschaftsliberal, europa- oder amerikafreundlich, das war nicht wichtig. Es wäre für die *Forza Italia* sogar kontraproduktiv gewesen, sich mit allzu konkreten Aussagen zu beschweren. Nach dem Sturz der „alten" Parteien galt es vor allem, die allgemeine Protestimmung und den Wunsch nach grundlegender Veränderung in Wählerstimmen umzumünzen. Das geschah am wirksamsten, indem sich die *Forza Italia* als möglichst breite Projektionsfläche für alle möglichen Vorstellungen und Wünsche anbot.

Kein geschickter Oppositionskandidat sagt im Wahlkampf genau, was er anders machen wird. Er bemängelt, was bisher geschah, vermeidet aber, sich selbst festzulegen. Diesen Kurs steuerte auch Berlusconi, der sich von Anfang an als „Anti-Politiker" stilisierte. Mittlerweile ist diese Unentschiedenheit zum politischen Programm geworden, die weit über das hinausgeht, was auch bei anderen Politikern an Taktieren und Finassieren üblich und angesichts der Komplexität moderner Gesellschaften vielleicht auch unvermeidlich ist.

Bei Silvio Berlusconi ist dieses „Das hab' ich nie gesagt" zu einer Art sophistischem Mantra geworden. Mit der ständigen Neu- oder Umdeutung der eigenen Äußerungen suggeriert er sich und anderen beinahe täglich, auf jeden Fall zumindest für den Moment Recht zu haben. Er sagt heute etwas und dementiert morgen, es gesagt zu haben. Damit entleert er die öffentliche Debatte an sich, macht sie nutzlos und unfruchtbar. Für distanzierte Beobachter wirkt Berlusconi als Regierungschef denn auch wie nicht ganz bei der Sache, wie nebenbei mit ihm wichtigeren Dingen befasst, was natürlich den Verdacht bestärkt, er sei auch aus Motiven in die Politik gegangen, die er aus gutem Grunde nicht offenlegen kann. Doch die gewundene

Dauerrede lässt sich der große Kommunikator nicht nehmen. Man gewinnt den Eindruck, es gehe schon lange nur darum, das Wort zu führen, damit es die anderen nicht ergreifen können.

3. Anti-Kommunismus als Erbe der Ersten Republik

Der kleinste gemeinsame Nenner zwischen den Parteien, die Berlusconi stützen, ist die Gegnerschaft zu Mitte-Links. Berlusconi hält damit künstlich einen Konflikt aufrecht, der schon die Erste Republik prägte: Die Christdemokraten regierten, um zu verhindern, dass die Kommunisten regieren konnten. In der Ersten Republik reichte das hin, um unter den Auspizien des Kalten Kriegs genügend Konsens zu finden. Heute aber hat Mitte-Links schon mehrmals regiert, ohne dass das Land zu Grunde gegangen wäre. Erstaunlicherweise aber verfängt Berlusconis Rhetorik gegen die „Linke" nach wie vor. Es scheint kein Widerspruch zu sein, dass der Retter vor der kommunistischen Gefahr genau zu dem Zeitpunkt auf den Plan trat, als der Kommunismus bereits am Boden lag. Dieser Anti-Kommunismus ohne Kommunisten ist Ausdruck eines künstlich verlängerten Ideologiekonflikts, der es Berlusconi erlaubt, seine politische Arbeit zu rechtfertigen. Was immer dieser zuwider läuft, stellt er als Werk einer linken Verschwörung hin. So war es auch im Oktober 2009, als das Verfassungsgericht das Immunitätsgesetz seiner Regierung verwarf, das den Premier, die Vorsitzenden der beiden Parlamentskammern und den Staatspräsidenten für die Dauer ihrer Amtszeit vor Strafverfolgung geschützt hätte.

Natürlich sehen viele Partner und Gegner in Berlusconis antikommunistischer Rhetorik längst einen Anachronismus, wobei man allerdings nicht vergessen sollte, wie stark die Furcht vor einer kommunistischen Machtübernahme einst war und welche Befürchtungen in einem Land noch immer virulent sein mögen, wo rote Fahnen oder Hammer und Sichel selbst heute noch hoch im Kurs stehen und bewegende sentimentale Erinnerungen wecken können. Auch linksterroristische Gruppen sind noch immer aktiv und schüren solche Ängste. Dennoch sind viele Politiker in beiden Lagern davon überzeugt, mit der anderen Seite sehr viel gedeihlicher zusammenarbeiten zu können, als das geschieht. Geriert sich aber der starke Mann der einen Seite, nämlich Berlusconi, nach wie vor als Retter der Nation aus einer Gefahr, die von der anderen Seite ausgeht, wird jede

Zusammenarbeit schwierig – und das Land bleibt im Reformstau stecken.

4. Innenpolitik als Placebo- und *Law and Order*-Politik

Sinnbildlich für Berlusconis politische Unentschiedenheit stehen seine beiden Bündnispartner: die nun mit der *Forza Italia* verschmolzene *Alleanza Nazionale*, die einen starken Nationalstaat will, und die fremdenfeindliche *Lega Nord*, die die Abspaltung des reichen Nordens vom armen Süden zwar nicht mehr offiziell fordert, ihr aber bei jeder Gelegenheit das Wort redet. Es sind also diametrale Gegensätze in der Regierungskoalition vertreten, was auch erklärt, dass selbst bei einer komfortablen Mehrheit die in Aussicht gestellte Reform der Verfassung noch immer auf sich warten lässt. Reformminister der jüngsten Regierung Berlusconi ist Umberto Bossi, der legendäre Gründer der *Lega*, der nun qua Amt für eine gerechtere Verteilung der Kompetenzen zwischen Zentralregierung und Regionen sorgen soll und dabei auch schon einige Erfolge verbuchen konnte. Überhaupt scheint die *Lega Nord* großen Einfluss zu besitzen. Sie ist zwar die kleinste, programmatisch aber die profilierteste Regierungspartei, die genau weiß, was sie will, während die *Alleanza Nazionale* noch immer am faschistischen Erbe laboriert und die *Forza Italia* angesichts der Dominanz ihres Vorsitzenden und ihrer inneren Heterogenität zur Unkenntlichkeit verurteilt scheint.

Dem Einfluss der *Lega* dürfte es auch zuzuschreiben sein, dass das Mitte-Rechts-Lager das Thema innere Sicherheit vollständig für sich reklamiert. Die Mitte-Links-Regierungen hingegen ignorierten die – nachvollziehbaren, häufig aber auch künstlich geschürten – Ängste der Wähler vor unkontrollierter Zuwanderung oder entdeckten viel zu spät, dass das traditionelle Auswandererland Italien schon in den 1990er Jahren zum Einwanderungsland geworden war. Berlusconi blieb auf diesem Feld nicht untätig und unternahm mehrere Versuche, vor allem illegaler Einwanderung zu begegnen. Zu nennen wären das Fini-Bossi-Gesetz, das *clandestinità* mit Haftstrafen bewehrt, und die Maßnahmen von Innenminister Roberto Maroni gegen Bootsflüchtlinge, die auf eine Rückführung von Flüchtlingsbooten nach Libyen hinauslaufen. Dass das Flüchtlingshilfswerk der Vereinten Nationen und der Europarat gegen diese fremdenfeindliche Politik protestieren, stört Maroni, der von der EU-kritischen *Lega* kommt, wenig. Sein Ansatz ist betont fremdenfeindlich, wird aber nicht von der ganzen Partei geteilt, zumindest nicht vorbehaltlos. In Norditalien gibt es nämlich viele Bürgermeister der *Lega*, die durchaus vernünftige Projekte zur Integration von Nicht-EU-Ausländern betreiben, wenn sie als billige Arbeitskräfte gebraucht werden. Die von den Medien gerne aufgegriffene und perpetuierte Rhetorik der *Lega* schürt Vorbehalte gegen Minderheiten, etwa gegen Sinti und Roma, die seit 2007 zum weitaus größten Teil aus dem EU-Staat Rumänien legal nach Italien einreisen und eben keine *clandestini* mehr sind.

Der Vorwurf Berlusconis, Mitte-Links tue nichts oder zu wenig gegen die illegale Einwanderung und die Überfremdung der Gesellschaft, wird dabei allmählich das, was in der Ersten Republik die Unterstellung war, der PCI gefährde Italien und die Westbindung des Landes. Er und seine Mitstreiter scheuen sich dabei auch nicht, höchste geistliche Würdenträger wie den Erzbischof vom Mailand, Dionigi Tettamanzi, anzugreifen, als dieser für eine menschliche Behandlung illegaler Zuwanderer eintrat. Zugleich ergriffen sie ebenso durchsichtige wie zweifelhafte Maßnahmen: So wurden etwa 3000 Heeressoldaten abgestellt, die der Polizei beim Objektschutz helfen sollen, im Ernstfall aber untätig bleiben müssen. Verteidigungsminister Ignazio La Russa erklärte dazu, diese Soldaten dienten in erster Linie dazu, der Bevölkerung das Gefühl gesteigerter innerer Sicherheit zu vermitteln. Als diese Maßnahme beschlossen wurde, verzeichnete das Innenministerium stark rückläufige Verbrechensraten. Der Sinn der im Objektschutz eingesetzten Soldaten besteht also in erster Linie darin, die Kosten der Polizei zu senken.

5. Umstrittene Justizpolitik

Parallel zu solchen Placebo-Maßnahmen plant die Regierung, das Justizwesen zu reformieren und insbesondere staatsanwaltschaftliche Abhörmaßnahmen zu erschweren. Sie trifft hier aber auf die heftige Gegenwehr von Polizei und Staatsanwaltschaft, die damit ihre Möglichkeiten eingeschränkt sehen, im Kampf gegen das organisierte Verbrechen bestehen zu können. Italiens Justizwesen kennt gewiss beides: illegale Abhörexzesse staatsanwaltlicher Ermittler, wobei schriftliche Protokolle und Audioaufzeichnungen abgehörter Telefonate fast täglich an die Medien durchsickern, und unerschrockene Anti-Mafia-Fahnder, die im Kampf gegen die großen Syndikate des organisierten Verbrechens ihr Leben riskieren und dabei gerade in letzter Zeit beachtliche Erfolge erzielen konnten. Die Statistiken über beschlagnahmte Güter der Mafia und die vielen Verhaftungen führender Clan-Bosse sprechen hier für sich.

Niemand bestreitet heute mehr, dass das schwerfällige italienische Justizsystem dringend reformiert werden muss. Genau so einsichtig ist aber, dass viele Juristen geradezu allergisch auf entsprechende Vorschläge der Regierung Berlusconi reagieren und sogar schon in der Trennung der Laufbahnen von Staatsanwälten und Richtern einen beispiellosen Skandal erblicken, der sich deutschen oder französischen Juristen kaum erschließen wird. Die als notorisch links diffamierte italienische Justiz – und das erklärt die Allergie – hat aber in den letzten Jahren zu viele spektakuläre Angriffe über sich ergehen lassen müssen, als dass sie gelassen reagieren könnte. Berlusconi, der seit Beginn seiner politischen Karriere mit einem Rattenschwanz von Gerichtsverfahren kämpfen muss, hat sich nicht gescheut, seinen ganzen politischen Einfluss geltend zu machen, um dem ein Ende zu bereiten, und es sogar fertig gebracht, ein Gesetz zu initiieren, das es dem Angeklagten erlaubt hätte, den Gerichtsort zu wechseln, beim bloßen Verdacht, der Richter könne befangen sein.

Überhaupt ist die Geschichte von Berlusconi und der italienischen Justiz die Chronik eines zermürbenden Machtkampfs, der einmal den Regierungschef, dann wieder die Justiz in der Offensive sieht. Fortgesetzte Feindseligkeiten und Beschimpfungen von Seiten des Regierungschefs gegen Richter und Ermittler sind an der Tagesordnung – eine italienische Spezialität, die in Ländern wie Frankreich oder Deutschland kaum vorstellbar ist. Ebenso bemerkenswert ist auch die lange Reihe von Gesetzen, die dazu angetan scheinen, nur den persönlichen Interessen des Regierungschefs zu dienen: Die Änderung von Straftatbeständen und Verjährungsfristen, die Verweigerungshaltung gegenüber den EU-Partnern bei grenzüberschreitenden Rechtsneuerungen wie dem europaweit gültigen Haftbefehl oder der Rechtshilfe zwischen Justizbehörden, schließlich Reformvorschläge, die von vielen Juristenvereinigungen in Italien nur als Versuch gesehen wurden, Richter und Staatsanwälte zu gängeln – all dies kennzeichnet die Justizpolitik von Berlusconi, der nicht einmal das Veto des Verfassungsgerichts gegen das umstrittene Immunitätsgesetz akzeptiert und schon wieder ein Gesetz eingebracht hat, das ihn und die drei anderen höchsten staatlichen Würdenträger vor Strafe schützen soll.

Angesichts der Verve Berlusconis in der Auseinandersetzung mit „den" Juristen und angesichts der Hartnäckigkeit, mit der er hier Gesetzesänderungen betreibt, fällt es schwer, in diesen pro-domo-Bemühungen nicht das Hauptmotiv für seine politische Betätigung zu erkennen. Jedenfalls könnten Historiker in 50 Jahren durchaus Probleme dabei haben, einen anderen Beweggrund für Silvio Berlusconis Einstieg in die Parteipolitik zu finden als den, sich aus der sicheren Höhe eines Regierungsamts besser gegen juristische Ermittlungen zur Wehr setzen zu können.

Es tut fast weh, dem demokratisch gewählten Regierungschef eines befreundeten EU-Staates solche Motive zu unterstellen, und zwar auch deshalb, weil sie den italienischen Wählern weit weniger Sorgen zu bereiten scheinen als ausländischen Beobachtern. Aber ist es wirklich so, dass sich die italienischen Wähler in ihrer Enttäuschung darüber, dass sich die politischen Verhältnisse nach dem Kollaps der „alten" Parteien nicht grundlegend änderten, an die offenkundige Entwürdigung ihrer Institutionen gewöhnt haben? Allzu große Ehrfurcht davor hatte Berlusconi nie. Anfangs, in der besonderen Lage vor 15 Jahren, mochte es noch einen gewissen bilderstürmerischen Charme haben, dass ein Unternehmer mit einer auf dem Reißbrett entworfenen Partei auf Anhieb Premier wurde. Freilich haben schon damals nicht nur seine politischen Gegner die Notwendigkeit gesehen, den persönlichen Interessenkonflikt zu lösen, in dem Berlusconi steckte. Genau das tat er aber nicht, obwohl er es immer wieder versprach. Damit schadete er aber nicht nur seiner persönlichen Glaubwürdigkeit, sondern missachtete und ruinierte gewissermaßen auch den Anspruch, den das Amt des Premiers an seinen Inhaber stellt. Und das ist bei weitem nicht der einzige Fall, wo Berlusconi mit der Würde von Staatsämtern oder staatlichen Institutionen in Konflikt geriet: die Schelte von Richtern und Justiz, das Unverständnis für Aufgaben und Arbeit eines Parlaments, das in seinem Vorschlag gipfelte, künftig nur noch die Fraktionsvorsitzenden abstimmen zulassen, nicht mehr die Abgeordneten, seine Attacken gegen einen „linken" Staatspräsidenten, der die Verfassungsrichter ernannt habe, die im Oktober 2009 sein Immunitätsgesetz verwarfen, und schließlich die wochenlang aufrecht erhaltenen Behauptungen, Mitte-Links habe im Frühjahr 2006 das Wahlergebnis verfälscht, so dass sein Kontrahent Romano Prodi die Wahl gewinnen konnte. All das belegt, dass Berlusconi Wert und Würde staatlicher Institutionen nichts gelten, wenn seine Interessen berührt sind. Das dumpfe Gefühl, es könne mit diesen Institutionen so weit nicht her sein, wenn das alles möglich ist, dürfte sich nach 15 Jahren Berlusconi im öffentlichen Leben verfestigt haben. Nehmen die italienischen Wähler diese fatale Entwicklung auch deshalb hin, weil sie resigniert haben und ihnen das eigene Staatswesen heute ferner liegt als vor Beginn der Ära Berlusconi?

Henning Klüver
Berlusconi und die Mafia
Materialien zu einer Geschichte, die offen bleibt

„Eines Tages fragte ich Borsellino: ‚Welche Beziehung gibt es zwischen Politik und Mafia?' Er antwortete mir: ‚Das sind zwei Mächte, die sich auf die Kontrolle desselben Territoriums stützen – entweder bekriegen sie sich oder sie einigen sich.'"[1]

1. Die Vorgeschichte

Die Frage nach der Beziehung Berlusconis zur Mafia, genauer gesagt zur sizilianischen *Cosa Nostra*, berührt die grundsätzliche Frage nach dem Verhältnis von Mafia und Politik. Sie führt in die unruhigen (und blutigen) Jahre 1992/93, als die *Cosa Nostra* nach der Implosion des italienischen Parteiensystems auf der Suche nach einer neuen Strategie und neuen politischen Kontakten war – und sie führt zu einer besonderen Geschichte.

An der Universität Mailand lernten sich Anfang der 1960er Jahre Silvio Berlusconi (geb. 1936) und Marcello Dell'Utri (geb. 1941) kennen. Dell'Utri, der aus Palermo stammt, wurde nach vierjährigem Jurastudium Berlusconis Sekretär. Die Wege der beiden trennten sich nach kurzer Zeit wieder, und Dell'Utri kehrte nach Sizilien zurück, wo er unter anderem für die Sparkasse der Inselregion arbeitete. In Palermo schloss er Bekanntschaft mit Vittorio Mangano und Gaetano Cinà. Cinà, Besitzer einer Wäscherei und Verwandter des Mafia-Bosses Stefano Bontate, gehörte zur mächtigen *Cosa Nostra*-Familie Malaspina, Mangano war ein einfacher *uomo d'onore* der Familie Porta Nuova. Wie Dell'Utri später erklärte, kannte er den kriminellen Hintergrund der beiden nicht, obgleich Mangano bereits von der Polizei observiert wurde und in Drogengeschäfte verwickelt war.

1974 kam Dell'Utri wieder nach Mailand und trat erneut in Berlusconis Dienste. Er leitete die Umbauarbeiten für die Villa

---
[1] Giorgio Bocca, Il silenzio sulla Mafia, in: La Repubblica vom 22.5.2002, S.1.

in Arcore, die der junge Bauunternehmer gerade erworben hatte und in der er mit seiner Familie wohnte. In den 1970er Jahren waren Lösegelderpressungen besonders in Norditalien an der Tagesordnung. Unternehmer oder ihre Angehörigen wurden von Mafia-Organisationen (vor allem von der kalabresischen *'Ndrangheta*, anfangs aber auch von der sizilianischen *Cosa Nostra*) entführt und oft sogar bei Zahlung des Lösegelds getötet. Die Fälle häuften sich, bald waren es jährlich mehrere Dutzend. Angst machte sich in den Unternehmerkreisen des Nordens breit. Auch Berlusconi fühlte sich bedroht und wollte sich schützen. Dell'Utri holte auf Vermittlung von Cinà im Juli 1974 Vittorio Mangano nach Arcore, wo er als Verwalter und Stallknecht angestellt wurde. Es gab allerdings keine Tiere in der Villa, und Mangano kümmerte sich vor allem um die Sicherheit des Anwesens, er brachte die Kinder zur Schule und begleitete seinen Dienstherren. Nebenbei setzte er seine Mafia-Geschäfte fort, wurde mehrfach von der Polizei verhört und kurzfristig festgehalten, was seinen Arbeitgeber aber nicht weiter störte.

Nach Aussagen reuiger Mafiosi, die sich den Justizbehörden zur Mitarbeit zur Verfügung gestellt haben, soll es in der Villa von Arcore auch zu Treffen zwischen bedeutenden Mitgliedern der *Cosa Nostra* wie Stefano Bontate (der später im sogenannten zweiten Mafia-Krieg von den Corleonesen unter Totò Riina und Bernardo Provenzano ermordet wurde) mit Silvio Berlusconi und Marcello Dell'Utri gekommen sein, was beide allerdings bestreiten. Entsprechende Ermittlungen der Staatsanwaltschaft verliefen im Sande. Ebenso wurden Untersuchungen über angebliche „Geschenke", das heißt Zahlungen Berlusconis, an die *Cosa Nostra* eingestellt. Im Mai 1975 wurde ein Bombenanschlag auf seinen Wohnsitz in Mailand verübt, der aber nur geringen Sachschaden am Grundstückstor verursachte. Ein Zeuge gab zu Protokoll, Dell'Utri habe ihm gesagt, seine (Dell'Utris) Aufgabe sei gewesen, die finanziellen Forderungen der Mafiosi niedrig zu halten. Dell'Utri bestätigte das, erklärte aber, er habe gegenüber dem Zeugen „nur groß tun wollen"[2].

In den Jahren zwischen 1975 und 1983 flossen Berlusconis Fininvest Holding 113 Milliarden Lire (rund 300 Millionen Euro), teilweise sogar in Form von Bargeld, aus dunklen Quellen zu. Berlusconi verweigert bis heute jede Aussage über die

---

[2] Zit. nach Saverio Lodato/Marco Travaglio, Intoccabili, Mailand 2005, S. 299.

Identität der geheimnisvollen Geldgeber. Nach Aussagen ehemaliger Mafiosi soll Bontate in Berlusconis Fernsehsender investiert haben. Für diesen Vorwurf gibt es aber keine Beweise.

Vittorio Mangano blieb bis zum Herbst 1976 in Arcore, verließ dann die Villa und ging bald darauf neuen Drogengeschäften nach. 1980 wurde er von Staatsanwalt Giovanni Falcone verhaftet und im anschließenden *maxiprocesso* für schuldig befunden. Elf Jahre später kam er wieder frei, machte Karriere und wurde Boss der Familie von Porta Nuova. 1995 verhaftete man ihn erneut und verurteilte ihn wegen Mordes. Mangano starb im Jahr 2000 im Gefängnis. Auf dem Höhepunkt des Wahlkampfs zur Parlamentswahl 2008 erklärte Marcello Dell'Utri:

> „Der Verwalter Vittorio Mangano, in erster Instanz zu lebenslanger Haft verurteilt [...], ist meinetwegen gestorben. Er war an Krebs erkrankt, als er in Haft kam. Man forderte ihn immer wieder auf, gegen mich und gegen [...] Berlusconi auszusagen. Wenn er es getan hätte, hätte man ihn mit einer üppigen Prämie entlassen und er hätte sich retten können. Auf seine Art ist er ein Held."[3]

2. Orientierungspunkte

Im Januar 1992 bestätigte das römische Kassationsgericht viele der im ersten *maxiprocesso* gefällten Urteile. Im Dezember 1987 waren in Palermo 360 Angeklagte zu insgesamt 2665 Jahren Gefängnis verurteilt worden. Damit wurden auch die Ermittlungen der Staatsanwälte Giovanni Falcone und Paolo Borsellino bestätigt, die die Anklageschrift formuliert hatten. Im Februar begann in Mailand die Untersuchung *mani pulite* (saubere Hände), die Korruption und illegale Finanzpraktiken in der Politik offen legte und schließlich zum Zusammenbruch des traditionellen Parteiensystems Italiens führte. Im März wurde im Badeort Mondello bei Palermo der christdemokratische Politiker Salvo Lima erschossen. Der langjährige Abgeordnete galt als Vertrauensmann Giulio Andreottis. Am 23. Mai explodierte eine Bombe unter der Autobahn, die den Flughafen Punta Raisi mit Palermo verbindet, auf der Höhe der Ausfahrt zum Ort Capaci. Bei dem Attentat starben Giovanni Falcone, seine Frau Francesca Morvillo und seine Leibwächter. Im Juni kam es zu ersten Kontakten zwischen Offizieren der *Carabinieri* und dem ehemali-

---

[3] La Repubblica vom 8.4.2008: „Berlusconi: ,Perizie per i pm'. Dell'Utri: ,Mangano un eroe'".

gen Mafia-Bürgermeister von Palermo, Vito Ciancimino, einem Vertrauten des späteren Oberhaupts der *Cosa Nostra*, Bernardo Provenzano. Am 19. Juli explodierte eine Bombe in der Via D'Amelio von Palermo und tötete Paolo Borsellino und seinen Begleitschutz. In der Konfusion nach dem Attentat verschwand das rote Notizbuch Borsellinos, in dem der Staatsanwalt seine nur für ihn bestimmten Anmerkungen über Gespräche und Ermittlungen festhielt.

Im Januar 1993 wurde Totò Riina, das Oberhaupt der *Cosa Nostra*, vor einer Villa in Palermo von den *Carabinieri* verhaftet. Die Villa wurde zunächst von den Polizeikräften nicht untersucht. Als der Erkennungsdienst ein paar Tage später anrückte, waren die Räume leer und die Wände frisch gestrichen. Im weiteren Verlauf des Jahres kam es in Rom, Mailand und Florenz zu Bombenattentaten der sizilianischen Mafia, bei denen zehn Personen starben. Die *Democrazia Cristiana* (DC) löste sich auf, Bettino Craxi trat als Vorsitzender der Sozialistischen Partei zurück. Marcello Dell'Utri bereitete in Berlusconis Auftrag die Bildung einer neuen politischen Partei vor. Im November gab Berlusconi die Gründung der *Forza Italia* bekannt, die im März 1994 die Parlamentswahlen gewann. Berlusconi wurde zum ersten Mal Ministerpräsident.

3. Mafia und Politik

Seit ihrer Entstehung im 18. Jahrhundert ist die Mafia im politischen Raum tätig und tritt in gewissem Sinne selbst als politische Organisation auf. Sie ist eine geheime Vereinigung, die Profit machen will, ein bestimmtes Gebiet beherrscht, wo sie eigene Institutionen aufbaut und Regeln setzt, die sie auch mit physischer Gewalt durchzusetzen vermag. Zugleich unterhält sie eine Art Binnengerichtsbarkeit, spricht Strafen aus und vollstreckt sie. Schließlich kann sie mit einem eigenen Sozialsystem bedürftige Mitglieder und ihre Familien unterstützen. Diese Vielzahl von Funktionen bilden so etwas wie eine *signoria territoriale*[4], gleichsam eine staatliche Macht über ein begrenztes Territorium.

Dass die Mafia ein politisches Vakuum ausfülle, das ein weit entfernter Staat habe entstehen lassen, ist ein gern benutzter

---

[4] Umberto Santino, Politica e mafia, in: Narcomafie 5/2005; zit. nach www.centroimpastato.it/pub/online/index.php3. Vgl. auch Marco Nebiolo/Livio Pepino, Politica e mafia, in: Manuela Mareso/Livio Pepino (Hrsg.), Nuovo Dizionario di Mafia e Antimafia, Turin 2008, S. 414–421.

Allgemeinplatz, der allerdings – wenn überhaupt – nur für die Anfangszeit gelten kann. Heute zeigt die Mafia ein „doppeltes Gesicht": Einerseits ignoriert sie in ihrem Einflussgebiet das Machtmonopol des Staates. Sie bestraft den, im Extremfall mit dem Tod, der sich ihren Regeln widersetzt – vor allem, wenn sich diese Regelverstöße im Inneren der Organisation vollziehen. Die Mafia organisiert sich parallel zum Staat und gegen ihn. Auf der anderen Seite zieht sie einen nicht unerheblichen Teil ihres Gewinns aus Geschäften mit der öffentlichen Hand, etwa im Bausektor oder im Gesundheitswesen. Hier taucht die Mafia in den Staat ein und macht ihn zum Komplizen. In der Regel geschieht das auf lokaler und regionaler Ebene. Allerdings pflegt die Mafia auch auf nationaler Ebene politische Kontakte, um bestimmte Entscheidungen in Rom zu beeinflussen. Das gilt besonders für die sizilianische *Cosa Nostra*, ursprünglich die mächtigste Mafia Italiens, aber auch für die *Camorra* aus Kampanien und die *'Ndrangheta* aus Kalabrien, die inzwischen als erfolgreichste kriminelle Organisation des Landes angesehen wird.

Die Vereinigungen des organisierten Verbrechens fühlen sich keiner parteipolitischen Ideologie verbunden. Vor und während des Zweiten Weltkriegs waren sie antifaschistisch und zugleich antikommunistisch ausgerichtet. Antifaschistisch, weil Mussolini die Mafia als Konkurrenz um die territoriale Kontrolle weiter Landstriche Süditaliens bekämpft hatte, antikommunistisch, weil die Gewerkschaften und die Parteien der Arbeiterbewegung eine Art sozialer Kontrolle über ihre Klientel beanspruchten und damit ebenfalls mit der Mafia konkurrierten. Beides machte die *Cosa Nostra* zu idealen Partnern der angloamerikanischen Besatzungsmacht nach der Landung auf Sizilien 1943, die so der Mafia ungewollt zu neuer Blüte verhalf.

Parteipolitisch verhalten sich die Vereinigungen der organisierten Kriminalität allein nach dem Kosten-Nutzen-Prinzip. So unterstützte etwa die *Cosa Nostra* in der Nachkriegszeit nach anfänglichen Sympathien für eine Separatistenbewegung die regionale DC, die sie zeitweise regelrecht „unterwanderte"[5]. Ein Mitglied der Mafia wie Vito Ciancimino aus Corleone ließ zunächst als Baudezernent (1959 bis 1964), dann als Bürgermeister von Palermo (1970) die Neugestaltung der Stadt zu einem Riesengeschäft für die *Cosa Nostra* werden. Erst 1985 wurde er aus der Partei ausgeschlossen, er blieb aber eine Schlüsselfigur

---

[5] Vgl. Michele Pantaleone, Mafia e politica, Turin 1961, S. 200–244.

im Verhältnis der Mafia zur Politik. Wenn es geboten schien, wurden auch andere Gruppierungen wie etwa der *Partito Socialista* (PSI) unterstützt. Ähnliches gilt für die Familien der *'Ndrangheta*. Ein reuiger Mitarbeiter der Justiz sagte aus, dass dieselben Familien, die in Kalabrien die Christdemokraten unterstützt hätten, im Raum Mailand, wo sie in den 1970er Jahren Fuß fassen konnten, die Sozialisten favorisierten. Weil der PSI in Buccinasco die Kommunalpolitik bestimmte, versuchte der Clan der Kalabresen, den Sozialisten alle von ihnen kontrollierten Stimmen zukommen zu lassen, „um weiterhin die Ausschreibungen im Wohnungs- und Straßenbau zu bekommen und um seine Aktivitäten ungestört fortzusetzen"[6].

Der wichtigste politische Kanal aber blieb besonders für die *Cosa Nostra* die Verbindung zu den Christdemokraten. Die DC regierte in Sizilien von den Gemeinden bis zur Regionalversammlung auf allen Ebenen und hatte in Rom bestimmenden Einfluss auf die italienische Politik. Über ihre Repräsentanten versuchte die Mafia, missliebige Staatsanwälte versetzen zu lassen, Urteile in zweiter oder dritter Instanz zu korrigieren oder Einfluss auf die Gesetzgebung zu nehmen. Umgekehrt konnte sich die DC auf die Wähler- und Delegiertenstimmen stützen, die ihr die kriminellen Organisationen in Sizilien (4,9 Millionen Einwohner), Kampanien (5,7 Millionen), Kalabrien (zwei Millionen) und Apulien (vier Millionen) regelrecht zutrieben – Regionen, in denen über ein Viertel der italienischen Bevölkerung lebt. Die Kirche schließlich wurde von der Mafia nicht in Frage gestellt oder bedroht. Die Mafia war im Gegenteil traditionell ein Garant der herrschenden Ordnung wie der religiösen Traditionen. Mafiaorganisationen, eine konservative Kirche und die unterschiedlichen Strömungen der DC bildeten so eine Art politisch-gesellschaftlichen Block, der politischen Alternativen – wie sie vor allem von der kommunistischen Partei repräsentiert wurden – kaum Spielraum zur Entfaltung ließ.

Ein Politiker wie Giulio Andreotti, heute hochgeehrter Senator auf Lebenszeit, hätte ohne seine sizilianische Basis niemals den Einfluss in der DC gewonnen, der ihm neben anderen wichtigen Funktionen sieben Mal das Amt des Ministerpräsidenten einbrachte. In einem Aufsehen erregenden Prozess, der mit dem Urteil des Kassationsgerichts im Oktober 2004 seinen endgültigen Abschluss fand, wurde der Politiker – entgegen

---

[6] So Saverio Morabito; zit. nach Davide Carlucci/Giuseppe Caruso, A Milano comanda la 'Ndrangheta, Mailand 2009, S. 9.

der öffentlichen Lesart – wegen der Teilnahme an einer mafiösen Vereinigung für schuldig befunden[7]. Weil die Straftaten aber vor dem Frühjahr 1980 begangen worden waren, galten sie als verjährt. In Verfahren, die sich auf einen späteren Zeitraum bezogen, wurde der Senator mit der Formel, es liege keine Straftat vor, freigesprochen. Es sei „unleugbar", kommentierte der ehemalige Oberstaatsanwalt von Palermo, Gian Carlo Caselli, bereits den Freispruch in der ersten Instanz, dass „dem Urteil ein typisches Begründungsschema nach der Art eines Freispruchs aus Mangel an Beweisen" zugrunde liege[8]. Nach italienischem Recht gibt es den Freispruch aus Mangel an Beweisen aber nicht mehr, das reformierte Strafgesetzbuch kennt heute nur die Formeln „es liegt keine Straftat vor" oder der Angeklagte „hat die ihm vorgeworfene Straftat nicht begangen".

Welche Rolle Andreotti im Verhältnis von Mafia und Politik spielte, spiegelt sich in einer Tagebucheintragung des *Carabinieri*-Generals Carlo Alberto Dalla Chiesa wider. Dalla Chiesa wurde nach der Ermordung des kommunistischen Abgeordneten Pio La Torre im Mai 1982 als Präfekt nach Palermo gesandt und kam dort wenige Monate später selbst im Kugelhagel einer Kalaschnikow um. Kurz vor seiner Abreise nach Palermo suchte der General Giulio Andreotti auf. In seinem Tagebuch notierte Della Chiesa, er sei gegenüber Andreotti sehr deutlich geworden: „Ich habe ihm versichert, dass ich auf den Teil der Wählerschaft, aus dem seine Wahlmänner schöpfen, keine Rücksicht nehmen werde. Ich bin überzeugt, dass die mangelnde Kenntnis des Phänomens ihn zu Fehlern in der Einschätzung von Menschen und Situationen geführt hat und führt."[9]

Der Prozess gegen Andreotti war jedoch nur der Epilog einer abgeschlossenen Entwicklung. Mit dem Fall der Mauer 1989 und dem Ende der realsozialistischen Systeme Osteuropas verlor nicht nur die Kommunistische Partei Italiens ihre Bedeutung. Es wurden auch keine antikommunistischen Bollwerke mehr

---

[7] Vgl. Livio Pepino, Andreotti e la Mafia – una beatificazione impropria, in: MicroMega 4/2007, S. 197–201, und Salvatore Lupo, Che cosa è la mafia. Sciascia, Andreotti, l'antimafia e la politica, Rom 2007, S. 71–100.
[8] Gian Carlo Caselli/Antonio Ingoia, L'eredità scomoda. Da Falcone ad Andreotti. Sette anni a Palermo, hrsg. von Maurizio De Luca, Mailand 2001, S. 149; Caselli, von 1993 bis 1999 Oberstaatsanwalt in Palermo und Ankläger in der ersten Instanz des Andreotti-Prozesses, leitet heute die Staatsanwaltschaft von Turin.
[9] Salvatore Lupo, Storia della mafia, Rom 2004, S. 308.

benötigt, dies galt für die DC in ihrer alten Form wie für die Mafia. Die *Cosa Nostra* brach ihrerseits den „Pakt" mit der DC, als sie den sizilianischen Andreotti-Vertrauten Salvo Lima 1992 ermordete. Lima war es nicht mehr gelungen, die Urteile des *maxiprocesso* in zweiter und dritter Instanz revidieren zu lassen. Gleichzeitig ging die DC unter. Die Mafia machte sich auf die Suche nach neuen politischen Kanälen, und in der Politik gab es Strömungen, die den eigentlich überlebten Anti-Kommunismus der Mafia für sich entdeckten.

4. Die Logik des Notstands

Die lange zwischen Duldung und Bekämpfung schwankende Politik gegen die Mafia drückt sich in einem vielschichtigen, „unorganischen"[10] Dschungel von Gesetzen und Verwaltungsnormen aus. Das hängt damit zusammen, dass die meisten Antimafiabestimmungen nach Aufsehen erregenden, oft blutigen Anschlägen der organisierten Kriminalität improvisiert wurden. Die Bestimmungen folgten keiner politischen Strategie, sondern antworteten auf Notfallsituationen, wie bereits Giovanni Falcone beklagte: „Aber mit welchem Instrumentarium stellen wir uns heute der Mafia? Auf eine typisch italienische Art durch eine unkontrollierte Vermehrung der Gesetze, die sich nach der Logik des Notstands" – der *logica dell'emergenza* – richten[11].

1963 nahm als Antwort auf ein blutiges Attentat in Ciaculli bei Palermo, bei dem sieben *Carabinieri* ums Leben gekommen waren, die erste parlamentarische Untersuchungskommission zur Mafia ihre Arbeit auf, obgleich ein entsprechendes Gesetz zur Bildung der Sonderkommission bereits seit einem Jahr in Kraft war. Nach dem Mord an einem Staatsanwalt in Palermo wurde 1975 beschlossen, die Untersuchungskommission zu einer Dauereinrichtung zu machen, die sich bis heute nach jeder Parlamentswahl neu konstituiert und derzeit aus je 25 Mitgliedern der Kammer und des Senats besteht.

Das Gesetz Rognoni-La Torre, das mit dem Artikel 416bis Strafgesetzbuch erstmals die Bildung einer mafiösen Vereinigung unter Strafe stellte und zugleich die Möglichkeit eröffnete, illegal erworbenen Besitz zu konfiszieren, wanderte jahrelang von

---

[10] Gian Carlo Caselli/Antonio Ingoia, Legislazione antimafia, in: Mareso/Pepino (Hrsg.), Nuovo dizionario, S. 321.
[11] Giovanni Falcone/Marcelle Padovani, Cose di Cosa Nostra, Mailand 1995, S. 154.

einem Parlamentsausschuss zum anderen. Erst nach dem Mord an Pio La Torre wurde es 1982 in wenigen Tagen verabschiedet. Als im September desselben Jahres Carlo Alberto Dalla Chiesa zusammen mit seiner Frau von der *Cosa Nostra* erschossen wurde, erging sogleich ein Gesetz, das bereits die einfache Zugehörigkeit zur einer mafiösen Vereinigung unter Strafe stellte. Der Mord an Staatsanwalt Rocco Chinnici führte wenig später zur Einrichtung von Sonderabteilungen der Ermittlungsbehörden, die im ersten *maxiprocesso* ihren größten Erfolg feierten. Auch Methoden aus der Bekämpfung des Terrorismus, bei der reuige Mitglieder der *Brigate Rosse* wichtige Hinweise geben und im Gegenzug mit einer Strafminderung rechnen konnten, fanden Eingang in Verfahren zur Aufdeckung von Mafia-Verbrechen.

Nach diesem Muster ging es weiter: Die Mafia mordete, der Staat reagierte mit Gesetzen und Verordnungen. Wenn es wieder still wurde um die Mafia, kümmerte sich auch der Staat nicht weiter um das organisierte Verbrechen. Im September 1990 kam der Richter Rosario Livatino ums Leben. Nach Plänen von Giovanni Falcone, der ins Justizministerium gewechselt war, wurden nun auch Finanzverbrechen in die Mafiagesetzgebung mit aufgenommen. Im August 1991 ermordeten Killer den Unternehmer Libero Grassi, der sich geweigert hatte, Schutzgeld zu zahlen. Einen Monat später wurde auf Empfehlung von Falcone die *Direzione investigativa antimafia* (DIA), die zentrale Ermittlungsbehörde gegen die Mafia, ins Leben gerufen. Außerdem wurde die Figur des *pentito*, des reuigen Mitglieds der Mafia, gestärkt, der Polizei und Justiz zuarbeitet und dafür nicht nur Strafnachlass, sondern auch Schutz und finanzielle Unterstützung erhält. Im „Blutjahr" 1992 starben Giovanni Falcone und Paolo Borsellino, als Antwort darauf wurde der Artikel 41bis in die Gefängnisordnung eingeführt, der erschwerte Haftbedingungen bis hin zur Isolation für Mafia-Bosse vorsieht. Außerdem wurde unter anderem ein Strafbestand wie der *concorso esterno in associazione mafiosa*, die „Unterstützung einer mafiösen Vereinigung von außen", geschaffen, der später besonders in Strafverfahren gegen Politiker wie Regionalpräsident Salvatore Cuffaro oder auch Marcello Dell'Utri eine Rolle spielen sollte. Und schließlich wurden die Bestimmungen über die *pentiti* nochmals ausgeweitet, was einen regelrechten Boom von Überläufern auslöste.

Damit war das Bündel der heute noch gültigen, aber in vielen Gesetzen und Dekreten verstreut formulierten Antimafia-

Bestimmungen im Großen und Ganzen geschnürt. Darin sind auch Normen über die Enteignung von Mafiabesitz und dessen Wiederverwendung unter anderem für soziale Zwecke vorgesehen. Das entsprechende Gesetz wurde nach Unterschriftensammlungen und Demonstrationen der überparteilichen Bürgerbewegung *Libera* erlassen, die der Priester Don Luigi Ciotti 1995 gegründet hatte.

Weder die Regierungen der linken Mitte (1996 bis 2001 und 2006 bis 2008) noch die unter Berlusconi (1994, 2001 bis 2006 und seit 2008) haben sich in der Mafia-Bekämpfung sonderlich engagiert. Jedoch haben beide politischen Lager Fahndungserfolge der Polizei und die wachsende Zahl der Enteignungen von Mafiabesitz durch die Gerichtsbarkeit jeweils propagandistisch für sich genutzt. Neue gesetzliche Bestimmungen „oszillierten" jedoch „wie ein Elektrokardiogramm auf und ab"[12]. So kam es 2001 unter der zweiten Regierung Berlusconi sogar zu einer rückwärtsgewandten Reform des Gesetzes über Schutz und finanzielle Unterstützung der *pentiti*, die die Kooperation mit den Justizbehörden strengeren Regeln unterwarf und den juristischen Wert der Aussagen der reuigen Mafiosi begrenzte. In Teilen der Öffentlichkeit waren Zweifel an der Glaubwürdigkeit der *pentiti* laut geworden, insbesondere nach dem ersten Urteil im Andreotti-Prozess 1999. In diesem Klima und durch die veränderte gesetzliche Lage brach der Strom der Überläufer ab – zum Leidwesen der Staatsanwaltschaften. Andererseits hat die vierte Regierung Berlusconi Anfang 2009 in einem Paket von Sicherheitsgesetzen unter anderem das Strafmaß für die Zugehörigkeit zur Mafia erhöht und die Haftbedingungen nach Artikel 41bis noch einmal verschärft.

Das wird allgemein begrüßt, aber zugleich klagen Justiz und Polizei über ein weiteres Gesetz aus dem Jahr 2009, das die Rückführung von illegal ins Ausland transferiertem Kapitalvermögen regelt. Durch diese Norm können auch Mafiagelder gegen eine Steuernachzahlung legal wieder ins Land gebracht und so gleichsam vom Staat gewaschen werden. Außerdem hat die Regierung angekündigt, Abhörmaßnahmen (etwa bei der Telefonüberwachung) streng zu reglementieren und nur noch in Ausnahmefällen zuzulassen, was eine schwere Behinderung der polizeilichen Fahndung bedeuten würde. Und neue Bestimmun-

---

[12] Vincenzo Macrì, Staatsanwalt der zentralen Antimafiabehörde DIA im Interview mit dem Autor am 17.12.2009 in Rom (unveröffentliches Manuskript).

gen über einen möglichen Verkauf von enteignetem Mafiabesitz werden nach Auffassung sogar von Kritikern aus den Reihen der Regierungsmehrheit dazu führen, „dass sich die Mafia über Strohmänner ihr ehemaliges Eigentum zurückkauft"[13].

Während auf der einen Seite Gesetze verschärft werden – und Berlusconi das propagandistisch an die große Glocke hängt[14] –, schafft die Regierung so auf der anderen Seite die Voraussetzungen dafür, dass der Kampf gegen das organisierte Verbrechen mit zweierlei Maß geführt wird. „Es scheint fast so", sagt Staatsanwalt Vincenzo Macrì von der DIA, „als ob man mit der alten Mafia, die größtenteils bereits im Gefängnis sitzt, zu einem Ende kommen will." Die neue Mafia schlage dagegen tiefe Wurzeln in der gesamten Wirtschaft und komme „ungestraft davon".

Die *logica dell'emergenza* bleibt treibende Kraft auch unter der Mitte-Rechts-Regierung. Nach einem Bombenanschlag der kalabresischen Mafia auf die Staatsanwaltschaft in Reggio Calabria stellte die Regierung Berlusconi im Januar 2010 schnell einen Zehn-Punkte-Plan vor, der unter anderem die Zusammenfassung aller bislang erlassenen Gesetze und Bestimmungen zu einem „Kodex Antimafia" vorsieht. Der Ministerpräsident erklärte den Kampf gegen die organisierte Kriminalität zum vorrangigen politischen Ziel. „Das Bezwingen der 'Ndrangheta und aller anderen Mafia-Organisationen ist für uns die absolut wichtigste Notwendigkeit."[15] Derweil führte die Öffentlichkeit freilich eine ganz andere Debatte.

5. Hat der Staat mit der Mafia verhandelt?

Achtzehn Jahre nach den mörderischen Attentaten auf Giovanni Falcone und Paolo Borsellino bestehen zumindest im Fall Borsellino Zweifel, ob die wahren Täter gefasst und verurteilt worden sind. Die Aussagen des reuigen Mafioso Gaspare Spatuzza vom Frühjahr 2009 entlasten einige der in allen Instanzen rechtskräftig verurteilten Personen. Die Aussagen Spatuzzas, der zum Mafia-Bezirk Palermo-Brancaccio der Gebrüder Graviano gehört

---

[13] Angela Napoli, Abgeordnete des PdL und Mitglied der parlamentarischen Antimafia-Kommission im Interview mit dem Autor am 18.12. 2009 in Rom (unveröffentliches Manuskript).
[14] „Wir sind die Antimafia der Tatsachen nicht des Geschwätzes. Keine Regierung hat soviel im Krieg gegen die Mafia getan wie diese." Il Foglio vom 19.12.2009: „L'antimafia dei fatti prende 67 narcos di Cosa nostra a Palermo". Das Folgende nach Interviews mit dem Autor.
[15] So Silvio Berlusconi; zit. nach: www.corrieredellasera.it vom 28.1.2010.

hatte, konnten von den Ermittlern größtenteils verifiziert werden. Damit war die Debatte über die Hintermänner des Mordanschlags gegen Borsellino wieder eröffnet. War es eine Tat, die allein die Kommandozentrale der *Cosa Nostra* mit Totò Riina an der Spitze zu verantworten hatte? Oder kann man Salvatore Borsellino, dem Bruder des Ermordeten, Glauben schenken, der den Mord als Reaktion auf Verhandlungen zwischen Staatsorganen und der *Cosa Nostra* erklärt:

> „Mein Bruder wusste von den Verhandlungen zwischen der Mafia und dem Staat. Deswegen ist er getötet worden. Das Blutbad in der Via D'Amelio war ein Blutbad des Staates. Teile der Institutionen haben bei der Vorbereitung und der Ausführung mitgearbeitet."[16]

Etwa zur gleichen Zeit, als die Aussagen Spatuzzas bekannt wurden, begann auch Massimo Ciancimino, der Sohn des 2002 gestorbenen Vito Ciancimino, mit den Justizbehörden zu kooperieren. Er übergab der Staatsanwaltschaft im Oktober 2009 eine handgeschriebene Liste mit Forderungen, die Totò Riina 1992 dem Staat nach dem Attentat auf Giovanni Falcone (und vor dem auf Paolo Borsellino) übermittelt haben soll. Zu den Forderungen zählten eine Revision der im *maxiprocesso* gesprochenen Urteile, die Abschaffung der erschwerten Haftbedingungen, des Gesetzes über die Enteignung von Mafia-Vermögen oder des Gesetzes über die *pentiti*. Dazu kam ganz überraschend die Forderung nach einer Senkung der Benzinsteuer für Sizilien. Über die angeblichen Kontakte zwischen *Carabinieri*-Offizieren und Riina, die von Ciancimino vermittelt worden sind, wird derzeit in mehreren Gerichtsverfahren verhandelt. Zu prüfen ist: Hat sich über die bekannten Treffen zwischen Ciancimino und der Polizei hinaus ein stabiler Kontakt gebildet? Hat die Tatsache, dass die Villa Riinas nicht sofort nach seiner Verhaftung erkennungsdienstlich untersucht wurde, mit einem Tauschgeschäft zu tun? Haben die *Carabinieri* autonom gehandelt (angeblich um von Ciancimino zu erfahren, wo sich Totò Riina versteckt hielt) oder hatten sie politische Rückendeckung? Massimo Ciancimino sagte dazu: „Mein Vater hat mir erzählt, die Offiziere hatten eine Beglaubigung von Mancino und Rognoni."[17] Der Christdemokrat Nicola Mancino, heute Vizepräsident des *Consiglio superiore della magistratura*, des Selbstverwal-

---

[16] Corriere della Sera vom 10.7.2009: „Salvatore Borsellino: ‚Via D'Amelio strage di Stato'".
[17] Zit. nach Il Foglio vom 19.10.2009.

tungsgremiums der italienischen Justiz, war damals Innenminister, sein Parteifreund Virginio Rognoni Verteidigungsminister. Mancino hat mehrfach dementiert, dass es solche Verhandlungen gegeben habe. Rognoni will nie etwas davon erfahren haben.

Parallel dazu haben Aussagen von Spatuzza im November 2009 die Öffentlichkeit teils in Atem gehalten, teils empört. Danach sei es nach der Festnahme von Riina zu Kontakten zwischen Giuseppe Graviano, Mafia-Boss aus Brancaccio, und Marcello Dell'Utri sowie Silvio Berlusconi gekommen. Die *Cosa Nostra* habe über Dell'Utri nach neuen Kanälen zur Politik gesucht, nachdem die alten Beziehungen zu den Christdemokraten obsolet geworden waren und Kontakte zu den Sozialisten nur kurzfristig Bestand hatten. Nach internen Debatten über eine Zusammenarbeit mit der regionalen Separatistenbewegung *Sicilia libera* habe die sizilianische Mafia bei Dell'Utri und der neuen Partei, die er 1993 aufbaute, politische Rückendeckung gesucht. Giuseppe Graviano, inzwischen wie sein Bruder Filippo wegen mehrfachen Mordes zu lebenslänglicher Haft verurteilt, schweigt bislang aus Protest gegen die erschwerten Haftbedingen, unter denen er einsitzt, während Filippo die Aussagen Spatuzzas dementiert. Es habe keine Kontakte mit Dell'Utri gegeben. Dell'Utri selbst hat die Aussagen Spatuzzas als „Dummheiten" bezeichnet, Berlusconi nannte sie „lächerlich" und eine „Intrige gegen mich"[18].

6. 61 zu null – Berlusconi und die Mafia

Spatuzzas Aussagen aber decken sich mit denen eines anderen *pentito*. Antonino Giuffrè, bis zu seiner Festnahme ein enger Vertrauter Bernardo Provenzanos, hatte den Ermittlern bereits vor Jahren berichtet, die Gebrüder Graviano seien in der zweiten Hälfte der 1990er Jahre die Vermittler zwischen Provenzano, der *Cosa Nostra* und Marcello Dell'Utri gewesen. Dieser habe politische Zusagen gemacht, dass innerhalb von zehn Jahren Probleme wie das Gesetz über die *pentiti* sowie die erschwerten Haftbedingungen im Sinne der *Cosa Nostra* gelöst werden könnten. Im Gegenzug soll Provenzano versprochen haben, auf die Strategie der Gewalt Riinas zu verzichten, die Mafia in das stille Geschäftsleben „abtauchen" zu lassen und aus der Öffentlichkeit

---

[18] Corriere della Sera vom 5.12.2009: „La linea di Berlusconi: cose folli, mi fanno ridere".

heraus zu führen – und die *Forza Italia* bei Wahlen zu unterstützen. Tatsächlich fielen bei den Parlamentswahlen von 2001 alle 61 Wahlkreise Siziliens an die *Forza Italia* oder die mit ihr verbündeten Parteien. Pietro Lunardi, Mitglied der *Forza Italia* und Verkehrsminister in der zweiten Regierung Berlusconi, nahm kein Blatt vor den Mund: „Mit Mafia und Camorra muss man auskommen, jeder löst die Probleme mit der Kriminalität, wie er will."[19]

Wenn die *Cosa Nostra* Berlusconi unterstützt hat, bedeutet das jedoch noch nicht, dass Berlusconi mit der sizilianischen Mafia ein Tauschgeschäft eingegangen ist. Sollte es aber einen entsprechenden Pakt gegeben haben, dann ist er im Winter 2002 zerbrochen. Denn die *Forza Italia* hat nicht Wort gehalten: „Vereint gegen den 41bis. Berlusconi vergisst Sizilien!"[20] Dieses weithin sichtbare Spruchband wurde im Dezember 2002 im Fußballstadion von Palermo beim Erstligaspiel gegen Ascoli ausgerollt. Bereits im Sommer des Jahres hatte Leoluca Bagarella, der Schwager von Totò Riina, einen Protest im Hochsicherheitsgefängnis von L'Aquila inszeniert und vieldeutig gegen die Politiker protestiert, welche die Gefangenen „ausnutzen" und wie „Tauschware" ansehen würden[21].

Die Aussagen der *pentiti* gegen Marcello Dell'Utri führten zu einem langwierigen Prozess wegen Unterstützung einer mafiösen Vereinigung, der 1997 eröffnet wurde und im Dezember 2004 mit einem Schuldspruch und der Verurteilung des Angeklagten in erster Instanz zu neun Jahren Freiheitsstrafe endete. Das Verfahren vor dem Appellationsgericht von Palermo steht kurz vor dem Abschluss. Wie in der ersten Instanz hängt alles davon ab, ob das Gericht die Erklärungen der reuigen Mafiosi als glaubwürdig ansieht. Noch gegen Ende des Appellationsverfahrens hatte Massimo Ciancimino als Zeuge der Anklage erklärt, dass die Verhandlungen, die sein Vater mit dem italienischen Staat begonnen hatte, in einer zweiten Phase mit Berlusconi und seiner *Forza Italia* fortgesetzt worden seien. Dell'Utri habe dabei in Kontakt mit Provenzano gestanden, was angeblich eine schriftliche Botschaft vom Boss der Bosse an Vito Ciancimino belegen soll, in der von „unserem Sen." die Rede ist. „Sen."

---

[19] La Repubblica vom 24.8.2001: „Convivere con la mafia".
[20] La Repubblica vom 23.12.2002: „Il caso dai 41bis ai bagarini, gli infiltrati della curva".
[21] Corriere della Sera vom 15.7.2002: „Il proclama di Bagarella diretto anche a Provenzano".

gleich Senator gleich Senator Marcello Dell'Utri – ist eine solche Beweiskette haltbar?

Die teilweise undurchsichtigen Beziehungen von Marcello Dell'Utri (und damit die von Silvio Berlusconi) zur Mafia ähneln, wenn man den Aussagen der *pentiti* glauben kann, denen von Giulio Andreotti zur organisierten Kriminalität. Bis zu einem bestimmten Zeitpunkt hat sich Berlusconi – so das mögliche aber bislang nicht bewiesene Szenarium – über Mitarbeiter wie Dell'Utri der Mafia bedient, sie aber fallen lassen, als er sie nicht mehr benötigte, um auf die Seite ihrer Gegner einzuschwenken. Ähnlich wie im Fall Andreotti lässt sich in Berlusconis Verhalten mehr als ein konkreter Straftatbestand vor allem politische Verantwortung einklagen. Trotzdem bleiben auch juristische Fragen offen, wie die nach der Finanzierung von Berlusconi-Unternehmen durch dunkle Kanäle in den 1980er Jahren und das Wissen um (mögliche) Verbindungen eines Vertrauten wie Marcello Dell'Utri zur *Cosa Nostra*.

Jedoch: Wie die Dinge zurzeit in Italien liegen, ist es für die Justiz vermutlich zu spät, ein Urteil über die Beziehungen zwischen Silvio Berlusconi und der Mafia zu fällen. Und für die Geschichte ist es dagegen wohl noch zu früh.

Amedeo Osti Guerrazzi
Politik der Angst
Die Regierung Berlusconi und die Ausländer

1. Immigranten in Italien und der *Centrodestra*

Die Mitte-Rechts-Parteien haben in den letzten fünfzehn Jahren vor allem in Wahlkämpfen immer wieder das Gefühl der Angst und Verunsicherung thematisiert, das angeblich viele Italiener beherrscht. Dieses Gefühl habe, glaubt man den Medien, die dem *Centrodestra* nahestehen oder von Berlusconi kontrolliert werden, mit der massiven Präsenz illegaler Zuwanderer aus Nordafrika oder vom Balkan zu tun, die für Verbrechen und Gewalt verantwortlich seien.

Der vorliegende Aufsatz greift drei Fragen auf: Erlebte Italien wirklich eine Invasion von Immigranten? Wie haben die italienischen Regierungen in den letzten zehn Jahren auf das Problem der Einwanderung reagiert? Haben die Mitte-Rechts-Parteien das Thema Immigration für ihre Zwecke instrumentalisiert und, wenn ja, auf welche Weise? Um eine Antwort auf die erste Frage zu finden, werden Statistiken konsultiert, die von den Gewerkschaften und vom Innenministerium veröffentlicht wurden, während bei der zweiten Frage auf die Forschungsliteratur zurückgegriffen wird. Im Hinblick auf die dritte Frage gilt die Aufmerksamkeit vor allem der rechtskonservativen Presse, und zwar insbesondere der im Besitz der Familie Berlusconi befindlichen Zeitung „Il Giornale". Wie hat sie einzelne Verbrechen, in die sogenannte Zigeuner verwickelt waren, präsentiert und kommentiert? Welche politischen Konsequenzen haben sich daraus ergeben?

Nach Angaben der katholischen Gewerkschaft *Confederazione italiana sindacati lavoratori* (CISL) gab es in Italien im April 2006 etwa 3,75 Millionen regulär gemeldete ausländische Bürger. Die Zahl der Illegalen schätzte man auf 750 000; dazu gehörten auch diejenigen, die sich um eine offizielle Aufenthaltsgenehmigung bemühten. Unter den 3,75 Millionen Ausländern mit gültigen Papieren befinden sich 1 350 000 abhängig Beschäftigte, 30 000 Handwerker, 30 000 Händler, 170 000 Landarbeiter, 8000 Bauern, 600 000 Haushaltshilfen, 190 000 Arbeitslose sowie 550000 Kinder und Jugendliche[1]. Der 2008 von der Caritas veröffentlichte 18. Einwandererbericht, der auf den Daten des *Istituto nazionale di statistica* beruht, meldete 3,43 Millionen Immigranten. Das entspricht 6,7 Prozent der Gesamtbevölkerung und liegt knapp über dem EU-Durchschnitt von 6,0 Prozent[2]. Mit Blick auf einzelne Herkunftsländer ergibt sich folgendes Bild: eine Million Rumänen, 402000 Albaner, 366000 Marokkaner. Diese drei Nationen liegen auch an der Spitze der Kriminalstatistik. Die Rumänen sind führend bei Totschlag, Sexualdelikten und Autodiebstählen, die Marokkaner bei Tätlichkeiten und Taschendiebstählen, während die Albaner bei Einbruchdiebstählen glänzen. In allen Fällen handelt es sich um Verbrechen, die die öffentliche Empfindsamkeit auf besondere Weise treffen und deshalb in starkem Maße zur Stigmatisierung der „Fremden" als „Verbrecher" beitragen. Der Bericht der Caritas spricht von einer „beachtlichen" Ausländerpräsenz in Italien, die Jahr für Jahr zunehme. Außerdem verweist er auf die Tatsache, dass etwa die Hälfte der Ausländer Frauen seien, die mit ihren Familien in Italien lebten, was naturgemäß zu einer Stärkung der zweiten und dritten Immigrantengeneration führe. Schließlich erinnert der Caritas-Bericht daran, dass die Nachfrage nach ausländischen Arbeitskräften unverändert groß sei.

Aus all dem ergibt sich, dass die Gefahr einer besorgniserregenden Überfremdung in Italien nicht existiert. Es gibt keine Invasion von Ausländern, die Italienern die Arbeitsplätze streitig machen. Ebensowenig ist Italien als Grenzland ein Sonderfall, das den Einwandererfluten vom Balkan und aus Nordafrika in besonderer Weise ausgesetzt sei. Die Zahlen belegen vielmehr, dass Italien mit Blick auf die Ausländerpräsenz europäischer Durchschnitt ist und dass die weit überwiegende Mehrheit aus Familien mit Kindern besteht, die nichts anderes im Sinn haben, als hier bessere Lebensbedingungen zu finden.

2. Gesetzliche Regelungen

1998 verabschiedete die Regierung Prodi das Gesetz Turco-Napolitano. Sie antwortete damit auf das Bedürfnis nach größerer Sicherheit, das viele Bürger verspürten, und wollte insbeson-

---

[1] Vgl. Indici di integrazione degli immigrati in Italia, hrsg. vom Consiglio Nazionale dell'Economia e del Lavoro, Rom 2006.
[2] Vgl. Immigrazione. Dossier statistico 2008, hrsg. von Caritas/Migrantes, Rom 2009.

dere auf Forderungen eingehen, die von den unruhigen „Wählern der ökonomisch leistungsstärksten Regionen" stammten[3]. Nach 1996 hatten sich vor allem in Mailand erste spontane „Bürgerwehren" formiert, die ihre Stadt von Gammlern, Prostituierten und Dealern „säubern" wollten und dabei von der *Lega Nord* unterstützt wurden.

Das Gesetz Turco-Napolitano brachte einige wichtige Neuerungen im Vergleich mit dem bis dahin geltenden, aus dem Jahr 1992 stammenden Gesetz Martelli: Es bestimmte, wie die Zahl der Arbeiter festgelegt wurde, die nach Italien einreisen durften; es schuf die Institution des „Sponsors" – eine Person oder eine Einrichtung, die arbeitssuchenden Ausländern Unterkunft und Verdienst garantierte –, und es eröffnete Ausländern, die mindestens fünf Jahre in Italien lebten, die Möglichkeit, eine spezielle unbefristete Aufenthaltsgenehmigung zu beantragen, was sie von zeitraubenden bürokratischen Zumutungen befreite. Außerdem sah das neue Gesetz auch die Zurückweisung illegaler Einwanderer an der Grenze vor; politische Flüchtlinge waren davon freilich ausgenommen. Diese Bestimmung trat an die Stelle der Haft, die bis dahin bei illegalem Grenzübertritt verhängt worden war. Schließlich schuf das Gesetz neuartige Asylbewerberzentren, in denen Ausländer ohne Papiere maximal 30 Tage festgehalten werden konnten, um ihre Identität zu überprüfen.

Das Gesetz Turco-Napolitano ist – verglichen mit den entsprechenden Regelungen in anderen europäischen Ländern – nicht besonders hart. So ist beispielsweise illegale Einwanderung, anders als in Frankreich, der Bundesrepublik, in Griechenland und Großbritannien, kein Straftatbestand. Hinzu kommt, dass Asylbewerber in anderen europäischen Ländern sehr viel länger in den auch dort bestehenden Zentren festgehalten werden können als in Italien.

2002 regelte die Regierung Berlusconi die Materie neu. Mit dem Gesetz Bossi-Fini wurde der digitale Fingerabdruck für diejenigen eingeführt, die eine Aufenthaltsgenehmigung beantragten; auch Abschiebung durch die Polizei ist seither möglich, und zwar in allen Fällen und nicht nur dann, wenn die Antragsteller für gefährlich gehalten wurden. Außerdem konnte die Aufenthaltsdauer in den Asylantenlagern auf bis zu 60 Tage ausgedehnt werden. Schließlich beseitigte das neue Gesetz die

---

[3] Marzio Barbagli, Immigrazione e sicurezza in Italia, Bologna 2008, S. 114.

Institution des „Sponsors" und erschwerte damit die legale Zuwanderung von Arbeitssuchenden nach Italien.

Alles in allem unterscheidet sich das Gesetz Bossi-Fini nicht kategorial vom Gesetz Turco-Napolitano. Der Unterschied liegt in der Praxis, die unter den Mitte-Links-Regierungen deutlich liberaler war. Nach Ansicht der Soziologen Asher Colombo und Giuseppe Sciortino ist es neuerdings viel schwieriger, eine Aufenthaltsgenehmigung zu erhalten. Ferner ist die Zahl der Immigranten deutlich zurückgegangen, nachdem es in das Benehmen der Regierung gestellt wurde, die Quote der jährlichen Zuwanderer aus den verschiedenen Ländern festzulegen; die Praxis ist hier so restriktiv, dass nicht einmal der Arbeitskräftebedarf der Wirtschaft befriedigt werden kann[4].

Das sogenannte Sicherheitsgesetz von 2009 hat die bürokratischen Hindernisse für Zuwanderer weiter erhöht. Die Aufenthaltsdauer in Asylantenlagern kann jetzt bis zu sechs Monate betragen. Außerdem wurde der Straftatbestand der Illegalität geschaffen, der jedoch nicht mit einer Haftstrafe bewehrt ist, sondern mit einer Geldstrafe und der Ausweisung. Um das älteste Gewerbe der Welt in den Griff zu bekommen, war ferner vorgesehen, auch die Kunden der Prostituierten zu bestrafen. Die Koalitionsparteien ließen diese Bestimmung aber schließlich wieder fallen.

3. Das Beispiel der Rumänen

Der eingangs erwähnte Caritas-Bericht bezieht sich auch auf die Frage, ob rumänische Immigranten tatsächlich eine so große Gefahr für die Sicherheit darstellten, wie häufig behauptet wurde. 1980 lebten etwa 8000 Rumänen in Italien, 17 Jahre später lag ihre Zahl mehr als hundert Mal so hoch. Anfang 2007 schätzte man, dass sich etwa 556 000 Rumänen offiziell in Italien aufhielten; für 2008 ging man von 1 016 000 legal oder illegal in Italien lebenden Rumänen aus. Rund drei Viertel kamen auf der Suche nach Arbeit nach Italien, bei einem Viertel gab die Familienzusammenführung den Ausschlag. Mehr als die Hälfte (53,4 Prozent) der rumänischen Einwanderer sind Frauen.

Wer sich mit der rumänischen Immigration befasst, wird rasch mit dem Argument konfrontiert, dass die Ausländerkriminalität in Italien ein „ernstes Problem" sei und dass überproportional

---

[4] Vgl. Asher Colombo/Giuseppe Sciortino, Gli immigrati in Italia, Bologna 2006, S. 68f.

viele Rumänen in Delikte wie Totschlag, Sexualverbrechen, Autodiebstahl, Raub, Einbruchdiebstahl, Eigentumsdelikte, Erpressung verwickelt seien. Dazu kommt die Feststellung, rumänische Kriminelle hätten sich auf das Geschäft mit der Prostitution spezialisiert und verschleppten junge Frauen aus den ärmsten Regionen ihrer Heimat nach Italien; insgesamt sollen zwischen 18 000 und 35 000 Prostituierte aus Rumänien und aus anderen Ländern in Italien ihre Dienste anbieten.

Noch gravierender ist, dass ein Drittel der straffällig gewordenen Minderjährigen aus Rumänien stammt. 2004 waren es 4000, wobei die meisten Frauen sind, aus „Zigeuner"-Familien kommen und sich auf Eigentumsdelikte kapriziert haben; etwa 1000 Minderjährige wurden in Aufnahmelager gesteckt. Mit mehr als 2000 stellen die Rumänen auch die größte Gruppe unter den alleinlebenden Minderjährigen, die von ihren Eltern verlassen beziehungsweise verkauft wurden oder ausgerissen sind, um bedrückenden Familienverhältnissen zu entkommen.

Wenn in der italienischen Öffentlichkeit von den Rumänen die Rede ist, so bezeichnet man sie zumeist abwertend als *zingari*, also als Zigeuner. Beide Begriffe werden fast synonym gebraucht, was nicht zuletzt daran liegt, dass die meisten „Zigeuner" in Italien die rumänische Staatsbürgerschaft haben. Die Angst vor den *zingari* hat seit dem EU-Beitritt Rumäniens im Jahr 2007 beträchtlich zugenommen. Aus einer ISPO-Untersuchung, die der Soziologe Renato Mannheimer 2008 vorgelegt hat, geht hervor, dass 81 Prozent der Italiener *zingari* für „wenig oder gar nicht sympathisch" halten. Auf Platz zwei dieses Negativ-Rankings liegen die Albaner mit 74 Prozent, gefolgt von den Rumänen mit 64 Prozent, während 51 Prozent die Philippiner für sympathisch erklären[5].

Alle diese Daten zeigen, dass in puncto Einwanderung kein Notstand herrscht. So gravierend die Probleme auch sein mögen, die mit den Rumänen und „Zigeunern" in Italien zusammenhängen: Es gibt keine Wellen von Gewalt, die von Immigranten ausgelöst werden. Es bestehen aber nahezu ideale Voraussetzungen, die häufig in einen Topf geworfenen Rumänen und *zingari* zu Feinden zu stempeln, auf die sich der Hass der einheimischen Bevölkerung konzentrieren kann – und dafür, diese Gefühle und Ressentiments politisch zu instrumentalisieren.

Als Beispiel für diese politischen Strategien soll im Folgenden die Perzeption der „Zigeuner" in der italienischen Gesell-

---

[5] Vgl. Corriere della Sera vom 7.5.2009: „L'Italia che non ama i rom".

schaft analysiert werden, einer ethnischen Minderheit also, die sich schwer tut mit ihrer Umgebung – und es dieser schwer macht, weil sie aufgrund stark differierender Lebensstile und Realitätsdeutungen nicht leicht zu integrieren ist. Dabei wird gezeigt, wie die rechtsgerichtete Presse diese Gruppe beschreibt, die umstandslos als deviant und kriminell gebrandmarkt wird und selbst von denen nur schwer zu verteidigen ist, die ihr nicht a priori mit Ablehnung begegnen[6].

4. Der Fall Mailat

Als Anfang November 2007 das Rennen um das Amt des Bürgermeisters von Rom eröffnet wurde, standen sich Francesco Rutelli von der Linken und Gianni Alemanno von der Rechten gegenüber. Rutelli, der dieses Amt bereits zwei Wahlperioden lang bekleidet hatte, galt als Exponent der Kontinuität, sollte er doch den scheidenden Bürgermeister Walter Veltroni ersetzen, der – wie Rutelli – dem linken Lager angehörte. Alemanno hingegen, zuvor Landwirtschaftsminister in der Regierung Berlusconi, versprach einen Neuanfang, der ganz im Zeichen dessen stehen sollte, was Berlusconi und seine Mitstreiter von der *Lega Nord* und der *Alleanza Nazionale* erstrebten.

Die Pressekampagne der Rechtsparteien war überaus aggressiv und bezog sich vor allem auf das Thema Sicherheit. Diese Akzentsetzung erlaubte es Alemanno und den Seinen, die Regierung Prodi wegen des angeblichen Missmanagements beim EU-Beitritt Rumäniens am 1. Januar 2007 anzugreifen, der zur Invasion der *zingari* in Italien geführt habe, und sie eröffnete ihnen die Möglichkeit, die Stadtverwaltung Roms aufs Korn zu nehmen, die Dutzende von legalen oder illegalen „Zigeunerlagern" geduldet hatte. Das Fernsehen griff dieses Thema geradezu begierig auf, wie überhaupt gesagt werden muss, dass das Fernsehen in der Endphase der Regierung Prodi 2006/07 beträchtliche Teile seiner Sendezeit dem Thema Verbrechen und Kriminalität widmete. Nach einer Analyse der Radikalen Partei, die am 8. März 2009 in der Zeitung „La Repubblica" zu lesen war, verdoppelte sich die Fernsehberichterstattung über Verbrechen von 2006 bis 2007. In den Nachrichtensendungen

---

[6] Vgl. Giorgio Bezzecchi/Maurizio Pagani/Tommaso Vitale, I rom e l'azione pubblica, Mailand 2008; Michele Mannoia, Zingari – che strano popolo! Rom 2007; Erica Rodari (Hrsg.), Rom, un popolo, Mailand 2008.

des öffentlich-rechtlichen Fernsehens nahm dieser Komplex 2005 etwa 11,5 Prozent ein – 2007 belief er sich auf 22,3 Prozent, während im Privatfernsehen Berlusconis eine Ausweitung von 10,7 auf 22,6 Prozent zu konstatieren war.

Das war der Hintergrund des Falles Mailat, der von den Rechtsparteien nach Kräften instrumentalisiert wurde. Was war geschehen? Am 30. Oktober 2007 vergewaltigte und tötete Romulus Mailat die fast fünfzigjährige Giovanna Reggiani, die sich auf dem Weg vom Bahnhof zu ihrer Wohnung im Stadtteil Tor di Quinto befand. Das Verbrechen des Rumänen, der in einem illegalen Lager lebte, erfüllte die ganze Stadt mit Abscheu und Entsetzen. Opfer und Täter eigneten sich in geradezu idealer Weise, um von der politischen Rechten für ihre Zwecke ausgebeutet zu werden: Giovanna Reggiani, die gutbürgerliche Frau eines Marineoffiziers, war als Opfer wie geschaffen dafür, Identifikationsgefühle in der Mitte-Rechts-Wählerschaft zu wecken, während sich Romulus Mailat, ein „Asozialer" aus einem Lager, gleichsam zum perfekten Monster stilisieren ließ, das die Ängste der rechten Wähler in urbanen Zentren evozierte. Auch das Viertel, in dem sich das Verbrechen ereignete, ordnete sich in dieses Schema ein: hier die feinen Villen der Offiziere, dort die Baracken eines Nomadenlagers als perfekter Kontrast zwischen dem Ideal wohlgeordneter Verhältnisse und dem Albtraum der dort lebenden Bürger, die auf eine fremde Gesellschaft ohne Regeln treffen und mit ihren Ängsten mitnichten allein stehen. Vergewaltigung und sexuelle Gewalt gegen Frauen sind allgemein geächtete Verbrechen, deren entrüstete Ablehnung die öffentliche Meinung jeglicher Couleur eint. Feministinnen und Neofaschisten stehen hier Seite an Seite.

Zur Speerspitze der Vorverurteilung und zu den Wortführern der Hasskampagne gegen die „Zigeuner" entwickelte sich „Il Giornale", die Zeitung der Familie Berlusconi, die im Wahlkampf den Kandidaten der Rechten, Alemanno, unterstützte. Am 3. November 2007 beschrieb sie das Verbrechen so:

„In Rom geht es vielleicht noch nicht so zu wie in den Ghettos von Soweto, ‚wo die Frauen unter aller Augen vergewaltigt und umgebracht werden', wie Daniela Santanchè, eine Abgeordnete der Alleanza Nazionale, sagte. Der Vorfall von Tor di Quinto, der barbarische Angriff eines Rumänen auf Giovanna Reggiani, die im [Krankenhaus] Sant'Andrea um ihr Leben kämpft, scheint für unsere Stadt aber doch ein definitiver Wendepunkt zu sein. Nichts wird danach wie früher sein, die Stadt ist empört, und selbst Bürgermeister

Walter Veltroni scheint es endlich zu begreifen, wenn er Ausweisungen fordert und damit die lang gehegte Utopie einer Aufnahmegesellschaft dementiert. Die Frauen haben Angst, die ganze Stadt hat Angst – vor allem in Tor di Quinto, in jenem geraden, langen und dunklen Sträßchen, das den Bahnhof an der Strecke Rom – Viterbo [...] mit der belebten Flaminia Vecchia verbindet."[7]

Am 2. November besuchte ein Journalist von „Il Giornale" Romulus Mailat im Gefängnis. Er schilderte den Häftling so:

„Wie sehen die Augen eines Monsters aus? Augen, in denen sich der Bodensatz der Menschlichkeit widerspiegelt, die Finsternis wilder Zeiten, die Gewalttätigkeit, die sich heute noch viel leichter ausleben lässt als in früheren, längst vergangenen Zeiten – um grundlos zu töten. Angst vermischt sich in den dunklen Augen des 24-jährigen, im Gefängnis Regina Coeli inhaftierten Rumänen mit Verwunderung – Augen, die ‚Ruhe' vortäuschen, um die Freiheit wiederzugewinnen, ohne viel dafür zu bezahlen. An den Händen sieht man einige Kratzwunden, die beeindrucken und anklagen sollen, auch wenn solche kleinen Verletzungen und Schürfwunden im Streunerleben der Zigeuner zum Alltag gehören."[8]

Die Tatsache, dass Mailat von einer „Zigeunerin" angezeigt wurde, die im selben Lager wie der Täter lebte, fiel für die Mitarbeiter von „Il Giornale" nicht ins Gewicht. Die mutige Anzeige, so hieß es in der Zeitung,

„passte nicht zum heruntergekommenen Milieu, in dem sich der brutale Angriff gegen Giovanna Reggiani ereignete: eine Zigeunerin, die das Gesetz der Omertà durchbrach und die Regeln ihres Clans missachtete, in dem sie die Polizei alarmierte und zur Baracke ihres Landsmannes führte, der gerade eine Frau fast zu Tode gebracht hatte, um ihr die Tasche zu rauben. In Wirklichkeit liegen die Dinge aber ganz anders: Emilia Neamtu hat erzählt, dass sie den 24-jährigen Nicolae Romulus Mailat gesehen hat, wie er den blutüberströmten Körper der Reggiani weggezogen hat. Aber das ist nicht alles. Am Abend des vergangenen 30. Oktobers hat sie – ohne einen Finger zu rühren – zugesehen, wie die Frau des Kapitäns zur See, Giovanni Gumiero, ermordet

---

[7] Il Giornale vom 1.11.2007: „Tor di Quinto ha paura: Orrore annunciato".
[8] Il Giornale vom 2.11.2007: „Il killer senza pietà: Ho solo rubato una borsa".

wurde. Mit dabei waren zwei weitere Personen – der Vater der Lebensgefährtin des Killers, Dorin Obedea, der Mailat geholfen hat, das Diebesgut zu verstecken, und Gherasim Neamtu, der Sohn derjenigen, die man bisher für die Superzeugin gehalten hat. Darüber hinaus haben zwei weitere Bewohner der Barackenstadt, die sich in der Nähe des Bahnhofs von Tor di Quinto [...] erhebt, wo die Reggiani angegriffen worden ist, daran mitgewirkt, Teile der Beute verschwinden zu lassen."[9]

Anfang November" erschienen im „Giornale" die ersten Erklärungen von wichtigen Vertretern der italienischen Rechten:

„Forza Italia fordert den Rücktritt Walter Veltronis vom Amt des Bürgermeisters von Rom und schlägt in Erwartung von Neuwahlen vor, dem Präfekt von Rom, Carlo Mosca, die kommissarische Leitung zu übertragen. Die Blauen [*Forza Italia*] haben gestern Vormittag im Pressesaal des Abgeordnetenhauses eine dringliche Pressekonferenz angesetzt, weil sie, wie ihr stellvertretender Koordinator Fabrizio Cicchitto erklärt, ‚die allzu vielen Lügen von Prodi und Veltroni über die Tragödie von Tor di Quinto satt haben'. Zum Beispiel, erläutert Cicchitto, ist es nicht wahr, wie sie sagen, dass die Regierung Berlusconi die Grenzen für so viele Verbrecher geöffnet hat. Das Gegenteil ist wahr. Alles nahm seinen Anfang mit Prodi, der die Invasion aus Rumänien nicht unterbunden hat. Von da an hat die rumänische Kriminalität die Hauptstadt überschwemmt – mit Raub, Vergewaltigung und tätlichen Angriffen."[10]

Gianni Alemanno, der Kandidat der Mitte-Rechts-Parteien, versuchte, die Wasser der kollektiven Hysterie auf seine Mühlen zu leiten, während seinem Kontrahenten Rutelli vom *Partito Democratico* die Hände gebunden waren. Er konnte die Stadtverwaltung weder kritisieren, weil sie unter der Führung eines Parteifreunds stand, noch in Schutz nehmen, weil er genau wusste, dass sie nach den langen Jahren im Amt von vielen Römern für die Missstände verantwortlich gemacht wurde. Veltroni, der scheidende Bürgermeister, versuchte sich hingegen ebenfalls an die Spitze der gegen die Immigranten gerichteten Stimmung zu setzen:

---

[9] Il Giornale vom 21.1.2008: „Uno massacrava Giovanna e noi ci spartivamo il bottino".
[10] Il Giornale vom 3.11.2008: „Forza Italia chiede le dimissioni di Veltroni".

> „Ich wiederhole seit Monaten, dass der Massenzufluss an Einwanderern, der aus dem EU-Beitritt Rumäniens resultiert, mittlerweile eine andere Dimension gewonnen hat: Neben vielen anständigen Personen gibt es zu viele Kriminelle. Nicht ich sage es, sondern europäische Statistiken sagen es: Vor dem Januar 2007 war Rom die sicherste Großstadt der Welt. Aber jetzt …"[11]

Im Wahlkampf schlug Rutelli die Bildung einer Kommission für Sicherheitsfragen und die Einführung eines elektronischen Armbands für Frauen vor, das sie in die Lage versetzen sollte, bei Überfällen Alarm zu schlagen. Alemanno ging einen Schritt weiter: Er verlangte die Ausweisung von 20 000 straffällig gewordenen „Zigeunern" und Ausländern, die Einsetzung eines staatlichen Sonderbevollmächtigten für Sicherheitsfragen und mehr Kompetenzen für die Stadtpolizei.

Und die Leser von „Il Giornale"? Wie reagierten sie und wie reagierten die Wähler der Rechten auf diese und andere Nachrichten[12]? Nachdem Mailat 2008 zu 29 Jahren Haft verurteilt worden war, herrschten Empörung und Verbitterung. Unter den vielen Kommentaren auf den Urteilsspruch fand sich mehr als einmal die Forderung nach lebenslänglich und der Todesstrafe:

> „Warum nur 29 Jahre und nicht lebenslänglich? Dieser Mann (pardon: Hominide) hat eine ganze Familie zerstört, und in 15 Jahren wird er – als noch junger Mann – wieder frei sein. Verdammter Richter, der dieses Urteil gefällt hat."

Ein anderer Leser nahm sich ebenfalls die Richter vor:

> „Ihr Richter, die ihr vom Teufel abstammt. Eure Hermeline triefen von Blut. Für eure Ungerechtigkeit werdet ihr euch vor dem einzig wahren Richter verantworten müssen, und ihr werdet dort enden, wo Heulen und Zähneklappern herrschen. Die Schreie derjenigen, die ihr misshandelt und denen ihr Schmerzen und Demütigungen zugefügt habt, werden euch ewig verfolgen."

Bedauerlicherweise finden sich auf der Homepage von „Il Giornale" nicht alle Kommentare zu allen einschlägigen Artikeln; auch die ersten Reaktionen unmittelbar nach der Tat sind dort nicht eingestellt. Um eine Vorstellung von den spontanen Gemütsaufwallungen der Leser des „Giornale" zu gewinnen,

---

[11] Zit. nach Barbagli, Immigrazione e sicurezza, S. 138.
[12] Die im Folgenden zitierten Kommentare finden sich in: www.ilgiornale.it.

kann man einen anderen, besser dokumentierten Fall heranziehen, der sich im Mai 2008 in Ponticelli nahe Neapel zugetragen hat. Dort wurde eine *zingara* beschuldigt, bei einem Wohnungseinbruch ein kleines Kind geraubt zu haben. Die Reaktion der Menschen vor Ort bestand in einem Sturm auf einige Lager, wobei auch Molotowcocktails flogen. „Il Giornale" tat sich wiederum unrühmlich hervor, indem das Blatt alle „Zigeuner" als Kindesentführer denunzierte. Am 15. Mai 2008 konnte man in der Berlusconi-Zeitung lesen:

„Zigeunerlager dürfen nicht gestürmt werden. Punktum. Die Baracken der Zigeuner dürfen nicht in Brand gesteckt werden. Punktum. Das ist offensichtlich, banal und selbstverständlich, aber es ist gut, wenn man es mit allem Nachdruck bekräftigt. Wahr ist aber auch, dass man keine Kinder raubt, dass man sie nicht wie Sklaven behandelt und dass man nicht in Wohnungen einbricht. Aber auch hier sollte man so deutlich wie möglich werden: Das eben Gesagte ist keine Rechtfertigung oder kein mildernder Umstand für die Hitzköpfe von Ponticelli. Es ist aber ein Grund, um diejenigen anzuklagen, die es zugelassen haben, dass die Dinge so weit gedeihen konnten, und die sich heute nicht nur nicht mehr darum scheren, sondern die Leute auch noch unter Rassismusverdacht stellen, die die Zigeuner vor ihrer Haustür vertreiben wollen, obwohl sie doch verpflichtet wären, die Ursachen dieser Verbitterung zu verstehen und, wenn möglich, konkrete Antworten darauf zu geben."[13]

Es ist nicht zu übersehen, dass hier die Absicht besteht, die Übeltäter von Ponticelli in Schutz zu nehmen. Und ebenso klar ist der Vorsatz, die Schuld an den Vorfällen der Regierung Prodi in die Schuhe zu schieben und Intoleranz und Rassenhass für politische Zwecke zu schüren. Instrumentalisierungen dieser Art sind kein italienischer Sonderfall, fremdenfeindliche und rassistische Ressentiments und Parteien gibt es überall in Europa. Ein staunenswertes Spezifikum ist aber, dass es nicht irgendeine Zeitung ist, sondern die Zeitung, die sich im Besitz der Familie des Ministerpräsidenten befindet, die rassistische Vorurteile bedient und gegen Minderheiten hetzt. Nicht weniger erstaunlich sind die Reaktionen der Leser, die den Sturm auf Zigeunerlager rechtfertigten und bejubelten – und die Vorfälle von Ponticelli so kommentierten:

---

[13] Il Giornale vom 15. 5. 2008: „Vanno sgomberati".

„Ganz zugespitzt: Sehr gut gemacht, Neapolitaner! Eine weitere glorreiche Seite wie eure mythischen vier Tage [bei der Vertreibung der Deutschen 1943]. Wer sich verteidigt, verteidigt seine Würde."

„Sie tun schon recht, wir sollten uns ein Beispiel nehmen und das Gleiche auch hier im Norden machen."

„10, 100, 1000 Brände! Um einen Satz zu zitieren, der den ehemaligen Abgeordneten Diliberto [von den Kommunisten] sehr freuen wird."

„Lasst nicht locker, die Zündschnur brennt jetzt, vertreiben wir sie alle, raus aus Italien, sie kommen aus Rumänien, dorthin sollen sie zurückgehen, und wenn ihr Minister nach Italien kommt, lasst uns mit ihm sprechen. Man kann immer fragen, wer die Rechnung zahlt, wie viele Milliarden haben die von Steuern befreiten Zigeuner einkassiert? Ich, wir zahlen und werden von der letzten Regierung als Steuerhinterzieher hingestellt. Ich bin sehr verbittert."

„Seit langer Zeit sind es die Italiener leid, von diesen Leuten ausgeplündert zu werden. Nach der versuchten Entführung eines Neugeborenen am letzten Samstag, war es unvermeidlich, dass so etwas passiert ist. Wenn man sich in die Lage derer versetzen würde, die ein weiteres Mal gelitten haben, kann man diese Handlungsweise nicht kritisieren. Glücklicherweise haben sich diese kommunistischen Gutmenschen etc. verzogen, die vom Geld der Italiener und nicht von ihrem eigenen lebten. Es lebe Italien, Grüße an alle."

5. Moralische Panik

Der Migrationsexperte Marzio Barbagli sah die Sache so:

„Alle Politiker der Rechten, der Mitte und der Linken, alle oder fast alle Berichterstatter und Leitartikler [...] sind sich in einem Punkt einig: Der Mord an Giovanna Reggiani ist nicht denkbar ohne den EU-Beitritt von Rumänien und Bulgarien am 1. Januar 2007 und ohne das dabei erworbene Rechte der Bürger dieser beiden Staaten, sich in Italien und der übrigen EU frei zu bewegen."[14]

Die Statistik über Gewaltverbrechen und ihren Anstieg nach 2007 stützt diese These nicht. Die Visapflicht für Rumänien wurde bereits 2002 aufgehoben, so dass es zu einer enormen

---

[14] Barbagli, Immigrazione e sicurezza, S. 138.

Zunahme der Zahl der Rumänen kam, die sich bis zu drei Jahren in Italien aufhalten durften. Ist deshalb der Schluss berechtigt, dass es im November und Dezember 2007 in Italien zu einer moralischen Panik kam, die sich im April 2008 wiederholte? Die Antwort lautet: ja. Diese Panik hat in entscheidendem Maße zum Sieg von Mitte-Rechts bei den römischen Kommunalwahlen von 2008 und zum Sturz anderer Mitte-Links-Stadtregierungen beigetragen. Aber damit nicht genug: Sie war ein maßgeblicher Faktor der Konsensbildung über eine Einwandererpolitik, die – stärker als früher – im Zeichen von Härte und Unnachgiebigkeit stehen sollte.

Aus dem Italienischen übersetzt von Thomas Schlemmer und Hans Woller.

Aram Mattioli
Tabubruch und Kalkül

Berlusconis Geschichtspolitik zwischen Apologie und Umdeutung

1. Die Folgen der *transizione italiana*

Silvio Berlusconis Aufstieg zum mächtigsten Mann Italiens wurde nicht nur durch den korruptionsbedingten Zusammenbruch des alten Parteiensystems, sondern auch durch eine „lautlose Kulturrevolution" ermöglicht[1]. Die *transizione italiana*[2] schlug sich in einem Klima zunehmender Intoleranz und Vulgarität nieder – und in einem Regierungsstil der großspurigen Ankündigungen, Einschüchterungskampagnen und rechtsstaatlichen Tabubrüche[3]. Zu den schweren Regelverletzungen gehören Berlusconis ständige Ausfälle gegen die freie Presse, die kritische Wissenschaft und die Institutionen der Verfassung, angefangen bei der Justiz über den Verfassungsgerichtshof bis hin zum Staatspräsidenten. In beispielloser Weise beschuldigte der Regierungschef am 26. November 2009 die Richter des Landes, subversiv zu sein. Sie hätten nichts anderes im Sinn, als seine Regierung zu stürzen und dem Land zu schaden. „Auf diese Weise riskieren wir den Bürgerkrieg"[4], ließ er seine Tirade drohend enden.

---

[1] Alexander Stille, Citizen Berlusconi, München 2006, S. 15. Vgl. auch Paul Ginsborg, Berlusconi. Politisches Modell der Zukunft oder italienischer Sonderweg?, Berlin 2005; David Lane, Berlusconi's Shadow. Crime, justice and the pursuit of power, London 2005; Marc Lazar, L'Italie à la derive. Le moment Berlusconi, Paris 2006; Massimo Giannini, Lo statista. Il ventennio berlusconiano tra fascismo e populismo, Mailand 2009.
[2] Nicola Tranfaglia, La transizione italiana. Storia di un decennio, Mailand 2003.
[3] Vgl. Süddeutsche Zeitung vom 19.10.2009: „Der düstere Traum von einem Leben ohne Gesetz. Dankesrede für den Friedenspreis des Deutschen Buchhandels" (Claudio Magris). Ähnlich pessimistisch äußerte sich Antonio Tabucchi: Süddeutsche Zeitung vom 22.10.2009: „Erkennst Du mich, Luft?"; Tabucchi sprach von einem schwer aufzuhaltenden Klima des kulturellen Verfalls.
[4] Corriere della Sera vom 27.11.2009: „Vogliono fare cadere il governo"; La Repubblica vom 27.11.2009: „Berlusconi: clima da guerra civile. I giudici vogliono farmi cadere".

Mehr und mehr scheint der dreimal gewählte Ministerpräsident den Staat als seine Domäne zu betrachten und demokratischen Widerspruch als böswillige Majestätsbeleidigung zu empfinden. Immer dreister rücken die dem *Cavaliere* wohlgesinnten Medien Kritik an seinem Regierungsstil in die Nähe von intellektuellem Landesverrat. Selbst international angesehene Schriftsteller wie Claudio Magris oder Antonio Tabucchi werden von ihnen inzwischen als „Antiitaliener" und „Exportintellektuelle" geschmäht, wenn sie sich besorgt über den Berlusconismus und die ihm inne wohnenden Gefahren äußern[5].

Der Populismus des Mailänder Medienmoguls verwandelte das Land in eine „Postdemokratie" und damit in einen Zustand, der zu schlimmen Befürchtungen Anlass gibt[6]. „Wir durchleben eine traurige Zeit", merkte der frühere Staatspräsident Carlo Azeglio Ciampi im Herbst 2009 verbittert an.

„In den letzten Jahren meines Lebens hätte ich mir wirklich nicht vorstellen können, einer ähnlichen Verrohung der Politik und einer so brutalen und systematischen Aggression gegen die Institutionen und die Werte beiwohnen zu müssen, an die ich geglaubt habe."[7]

Berlusconi und seine Mehrheit, so Ciampi, würden gleichsam mit der „Spitzhacke" auf die Prinzipien einschlagen, auf denen die Verfassung der Republik Italien ruht.

Im Fahrwasser des kulturellen Wandels rückte die Gesellschaft nicht nur nach rechts, auch die Ideen der Rechten erlangten einen kaum für möglich gehaltenen Raum in den politischen Debatten. Besonders gilt dies bei den Diskussionen um die innere Sicherheit und die Bekämpfung von Immigration und Kleinkriminalität, aber auch für die Geschichts- und Identitätspolitik[8]. Heute sind Faschismusapologie und *Duce*-Bewunderung in der Mitte der Gesellschaft angekommen. Im Unterschied zu

---

[5] La Repubblica vom 2.11.2009: „Magris: ‚L'Iitalia scivola mi fa paura il populismo'"; vgl. auch Neue Zürcher Zeitung vom 26.10.2009: „Die Wüste wächst im Lande Italien. Das Bel Paese im Würgegriff von Berlusconis Kampfmedien".

[6] Colin Crouch, Postdemokratie, Frankfurt a.M. 2008. Palermos Ex-Bürgermeister Leoluca Orlando von der Oppositionspartei *Italia dei Valori* meinte in einem Interview mit der „Süddeutschen Zeitung" am 6.11.2009: „Wir haben neue Medien, eine neue Mafia und eine neue Diktatur, die wie eine Demokratie aussieht." www.sueddeutsche.de/politik/167/493513/text/print.html.

[7] La Repubblica vom 23.11.2009: „Ciampi: no a leggi ad personam".

[8] Vgl. Jens Renner, Der neue Marsch auf Rom. Berlusconi und seine Vorläufer, Zürich 2002, S. 49–65, und Ginsborg, Berlusconi, S. 137ff.

anderen westeuropäischen Ländern werden revisionistische Thesen in Italien nicht allein von Ewiggestrigen und Rechtsextremisten vorgetragen, sondern oft auch von bürgerlichen Honoratioren: Spitzenpolitiker, die der Mussolini-Diktatur positive Seiten abgewinnen; Straßen, die nach „Helden" des Regimes benannt werden, oder „gute Faschisten", die als Filmhelden in den Wohnstuben der Fernsehnation flimmern – all das gehört seit 1994 ebenso zum Alltag der Zweiten Republik wie Gesetzesinitiativen, die Mussolinis letztes Aufgebot und die Kollaborateure von Salò den Kämpfern der *Resistenza* gleichstellen wollen[9]. Besorgt bilanzierte der ehemalige christdemokratische Staatspräsident Oscar Luigi Scalfaro schon 2005: „Heute sehen wir, daß in Italien eine Geschichtspolitik betrieben wird, die im Zeichen der Befriedung [...] auf eine Geschichtsrevision zielt und eine Aufwertung des Faschismus betreibt."[10]

Tatsächlich erlebt Italien, seit Berlusconi 1994 in die politische Arena stieg, einen regelrechten „Krieg der Erinnerungen"[11]. Über Jahrzehnte hatten Legitimationsgrundlage und politische Kultur der Republik Italien auf der Überzeugung beruht, dass die Italiener den Faschismus aus eigener Kraft überwunden und das von den Deutschen ab Herbst 1943 besetzte Land mit der Waffe in der Hand selbst befreit hätten. Das war eine Lebenslüge, die aber ihr Gutes hatte, weil sie dabei mithalf, in Italien dauerhaft eine Demokratie zu installieren. Jedenfalls war und ist die 1948 in Kraft gesetzte Verfassung dem Geist des republikanischen Antifaschismus verpflichtet. Alljährlich setzen die Spitzen des Staates am Nationalfeiertag, dem *25 aprile*, die Heldengeschichte des bewaffneten Widerstands in Szene. Einen Höhepunkt erreichte der Kult um die *Resistenza* zwischen 1978 und 1985, als mit Sandro Pertini ein ehemaliger Partisanenchef das höchste Staatsamt bekleidete.

---

[9] Vgl. jetzt Aram Mattioli, „Viva Mussolini!" Die Aufwertung des Faschismus im Italien Berlusconis, Paderborn 2010. Mehr auf die innerwissenschaftlichen Debatten fokussiert ist der wichtige Sammelband von Angelo Del Boca (Hrsg.), La storia negata. Il revisionismo e il suo uso politico, Vicenza 2009.
[10] Gerhard Kuck/Amedeo Osti Guerrazzi/Thomas Schlemmer, Die „Achse" im Krieg. Protokoll einer Podiumsdiskussion zur Erinnerungskultur und Geschichtspolitik in Italien und Deutschland, in: QFIAB 86 (2006), S. 656–695, hier S. 665.
[11] Filippo Focardi, La guerra della memoria. La Resistenza nel dibattito politico italiano dal 1945 a oggi, Rom/Bari 2005. Vgl. auch Aram Mattioli, „Die Resistenza ist tot, es lebe Onkel Mussolini!" Vom Umdeuten der Geschichte im Italien Berlusconis, in: Mittelweg 36 17 (2008), S. 75–93.

Begünstigt durch das Ende des Kalten Krieges und den Korruptionssumpf der Ersten Republik geriet die alte antifaschistisch geprägte Kultur in Bedrängnis. Historiker, Publizisten und Filmemacher stellten die antifaschistische Vulgata immer radikaler in Frage; sie ebneten so einer revisionistischen Geschichtsdeutung den Weg, die auch auf Themen (Vergeltungsmorde im „Dreieck des Todes", Massaker in den *Foibe*, Notwendigkeit einer „nationalen Befriedung") zurückgriff, die lange nur in der neofaschistischen Subkultur kultiviert worden waren. Nach Berlusconis Wahlsiegen von 1994, 2001 und 2008 erhielt seine Mitte-Rechts-Koalition die Gelegenheit, die Erinnerungskultur aus der Regierungsverantwortung heraus in ihrem Sinn umzubauen, auf der nationalen Ebene genauso wie in vielen Provinzen und Kommunen. Tatsächlich verwandelte sich dieses Politikfeld zu einem zentralen Ort gesellschaftlicher Aushandlungsprozesse, wobei die neorechte Geschichtspolitik zwar vorrangig von der Vergangenheit sprach, aber immer die Gegenwart meinte und letztlich auf die Zukunft zielte. Schließlich ging es ihr nie nur um die noch qualmende Vergangenheit, sondern stets auch um die kulturelle Deutungshoheit, die nationalen Selbstbilder und damit indirekt um die künftigen Mehrheiten im Land.

2. Fehlende Berührungsängste

„Es gibt doch gar keine Faschisten in meiner Regierung"[12], meinte Silvio Berlusconi im Juni 1994, wenige Wochen nachdem er Gianfranco Finis Neofaschisten und die *Lega Nord* von Umberto Bossi erstmals zu Regierungsparteien gemacht hatte. In dieser Reaktion zeigte sich ein Grundmuster, das für seinen Umgang mit brisanten erinnerungskulturellen Fragen typisch ist. Die Kritik besorgter Demokraten, dass er mit seiner rechten Regierungskoalition den antifaschistischen Grundkonsens der Nachkriegszeit durchbrochen habe, wischte er als unbegründet vom Tisch. Berlusconi trat in den Erinnerungsdebatten, die auf eine revisionistische Umdeutung der jüngeren Geschichte zielten, nie als treibende Kraft auf. Diesen Part übernahmen meistens die Anhänger der *Alleanza Nationale* (AN), der Nachfolgepartei des neofaschistischen *Movimento Sociale Italiano* (MSI), die dabei nicht selten von Exponenten der *Forza Italia* tatkräftig

---

[12] So Hansjakob Stehle in: Die Zeit vom 3.6.1994: „Nettes über den Duce".

sekundiert wurde. Doch als Ministerpräsident, der eine solche Re-Interpretation politisch erst möglich machte, war der *Cavaliere* entscheidend. Berlusconi ließ die Revisionisten gewähren, wo er sie hätte zurückhalten müssen, und hüllte sich da in Schweigen, wo er sich deutlich hätte distanzieren müssen, oder er redete deren Ansichten schön. Ohne Skrupel agierte er letztlich auch auf diesem bedeutsamen Politikfeld, weil dieses für seinen Machterwerb und später für seinen Machterhalt wichtig war.

Wenn man Berlusconis Verantwortung auf dem Feld der Erinnerungspolitik gerecht werden will, muss man nicht nur analysieren, was er über die faschistische Diktatur verbreitete. Entscheidender ist, dass er als mächtigster Mann Italiens nie Berührungsängste gegenüber Mussolinis Erben an den Tag legte und diese regelrecht hofierte. Stets vermittelte er den Eindruck, bei diesen handle es sich um ganz normale Politiker mit vernünftigen Ansichten, auch und gerade, was ihre Deutungen des Faschismus betrifft. Schon in den 1970er Jahren war der aufstrebende Unternehmer Mitglied der Geheimloge „P2", an deren Spitze der notorische Faschist Licio Gelli stand. Die Logenbrüder bekleideten herausgehobene Positionen in Politik, Militär, Wirtschaft, Medien und Bürokratie; sie arbeiteten mit der Mafia, Geheimdienstleuten und Rechtsterroristen zusammen, die Putschpläne schmiedeten. Es ging ihnen darum, das Land in ein autoritäres Fahrwasser zu steuern[13]. Immerhin wurde die „P2" 1982 als „umstürzlerische Organisation" verboten. Mit einigem Grund vermuten gute Kenner des Landes, dass Berlusconi diese Ziele noch heute verfolgt, jetzt aber durch Verfassungsänderungen zu erreichen versucht, die ihm zu mehr Macht als künftigem Staatspräsidenten verhelfen sollen[14].

Fehlende Berührungsängste gegenüber der extremen Rechten charakterisierten Berlusconis ganze Karriere, nicht nur deren Beginn, als er die *Lega Nord* und den MSI – immerhin die größte neofaschistische Partei in Westeuropa – salonfähig machte. Seit seinem zweiten Wahlsieg von 2001 bemühte er sich stets auch um gute Beziehungen zu jenen Gruppierungen, die sich von der AN abgespalten hatten, weil sie ihnen als zu angepasst erschien. Der Regierungschef pflegt seit Jahren einen

---

[13] Vgl. Friederike Hausmann, Kleine Geschichte Italiens von 1945 bis Berlusconi, Berlin 2002, S. 118–123; Christian Jansen, Italien seit 1945, Göttingen 2007, S. 185f.; Stille, Citizen Berlusconi, S. 74ff.
[14] Vgl. Friedrike Hausmann, Italien, München 2009, S. 214.

freundschaftlichen Umgang mit Alessandra Mussolini, der unbelehrbaren Enkelin des *Duce*. Nach Finis Israel-Reise im Jahr 2003 hatte sie die ultrarechte Splitterpartei *Alternativa Sociale* ins Leben gerufen. Ohne jede historische Sensibilität erkundigte sich Berlusconi Anfang 2005 ernsthaft bei der rechtsextremen Politikerin, ob sie Interesse an der Präsidentschaft der Region Kampanien habe. Dabei liess er sich vom Kalkül leiten, dass Kampanien der Linken im Schulterschluss mit der Rechtsaußenpartei entrissen werden könne[15]. Selbst für Italien war dies ein unerhörter Vorgang. Um des reinen Machterwerbs willen war Berlusconi bereit, eine bekennende Faschistin an der Spitze eines großen Rechtsbündnisses zu akzeptieren – ganz im Gegensatz zu seinen Koalitionspartnern Gianfranco Fini und Pier Ferdinando Casini von den Christdemokraten. Auch wenn das Projekt letztlich scheiterte, dankte Alessandra Mussolini dem *Cavaliere* damit, dass sie ihn als wahren *Leader* lobte[16]. Heute ist sie Mitglied von Berlusconis Sammlungspartei *Popolo della Libertà*.

Während des Wahlkampfs von 2006 waren bei Berlusconis Auftritten auf den *Piazze* immer wieder begeisterte Rufe *Duce, Duce* zu hören, da und dort wurde ihm gar der faschistische Gruß erwiesen[17]. Bezeichnenderweise trat er solchen Gesten nie entgegen; er sah darin nie ein Problem. Außerdem schloss er vor den Parlamentswahlen einiger zusätzlicher Prozentpunkte wegen sogar Bündnisse mit Parteien am neofaschistischen Rand des politischen Spektrums: mit der *Alternativa Sociale* von Alessandra Mussolini („Besser Faschistin als schwul!") und der *MSI – Fiamma tricolore* von Luca Romagnoli („Man kann nicht einfach behaupten, der Faschismus sei das absolute Übel gewesen")[18]. Dass ein konservativer Spitzenpolitiker in einem westeuropäischen Land mit ultrarechten Bewegungen paktiert, ist eine Eigentümlichkeit der besonderen Art. So lehnten es die französischen Gaullisten stets ab, mit Le Pens *Front National* ein Wahlbündnis einzugehen, und es ist schlicht undenkbar, dass sich ein christdemokratischer Regierungschef in der Bundesrepublik – und sei es nur auf Länderebene – mit der National-

---

[15] Vgl. Neue Zürcher Zeitung vom 30.1.2005: „Berlusconi für Mussolini".
[16] Vgl. Corriere della Sera vom 17.2.2005: „Mussolini: Silvio un vero leader, Fini è come Badoglio".
[17] Vgl. La Repubblica vom 8.4.2006: „Il Cavaliere affacciato al balcone dalla strada un coro: ‚Duce, Duce'"; vgl. auch eine entsprechende Filmaufnahme aus dem Jahr 2006 auf *YouTube*.
[18] Vgl. Die Zeit vom 23.3.2006: „Rechte Freunde".

demokratischen Partei Deutschlands oder der Deutschen Volksunion einließe.

Seit seinem Einstieg in die Politik verwischt Berlusconi die Grenzen zwischen bürgerlich-konservativer Mitte und neofaschistischem rechten Rand systematisch. Dabei war und ist er nicht nur selbst zu Tabubrüchen jeder Art bereit, er toleriert sie auch wortlos. Als Oppositionsführer beehrte er im November 2007 den Gründungsparteitag der neofaschistischen Partei *La Destra* mit seiner Anwesenheit. Die Versammlung fand in symbolträchtigem Ambiente statt: in einem *Palazzo* des faschistischen Vorzeigeviertels EUR, das Mussolini einst am Rande Roms hatte erbauen lassen, um die für 1942 geplante Weltausstellung zu beherbergen. Berlusconi ließ sich dort von den Delegierten nicht nur mit dem *saluto romano* und *Duce*-Rufen feiern, sondern er rief dem begeisterten Auditorium auch zu: „Mein Herz schlägt für euch". Selbst als Francesco Storace, der Präsident von *La Destra*, erklärte, die neue Partei werde den Faschismus nicht verdammen, irritierte dies den Stargast nicht. Vielmehr lud er Storaces Neofaschisten ein, seinem Rechtsbündnis beizutreten[19].

Bei den Parlamentswahlen vom Frühjahr 2008 kandidierten tatsächlich einige Faschismus-Bewunderer für das von Berlusconi geführte Rechtsbündnis *Volk der Freiheit*: Alessandra Mussolini bewarb sich um einen Sitz im Abgeordnetenhaus, der Verleger Giuseppe Ciarrapico wollte Senator werden. Der Fall Ciarrapico war besonders brisant, weil dieser nicht für eine rechte Splitterpartei antrat, sondern für die *Forza Italia*. In einem Interview mit dem „Corriere della Sera" meinte Berlusconi über seinen faschistischen Parteifreund bloß:

„Wir sind mitten im Wahlkampf und haben die Aufgabe zu gewinnen. Der Verleger Ciarrapico besitzt Zeitungen, die uns nicht feindlich gesonnen sind. Es ist absolut wichtig, dass sich das nicht ändert, weil alle anderen großen Zeitungen gegen uns sind."[20]

Trotz der Empörung darüber, dass Berlusconi mit Faschisten auf Stimmenfang ging, wurden Giuseppe Ciarrapico und Alessandra Mussolini gewählt. Nicht genug damit: Kurz danach blieb Wahlsieger Berlusconi, der gerade mit der Bildung seiner vierten

---

[19] Süddeutsche Zeitung vom 15.11.2007: „Mein Herz schlägt für euch"; Tages-Anzeiger vom 17.11.2007: „Berlusconi verliert Schlacht".
[20] Süddeutsche Zeitung vom 11.3.2008: „Berlusconi stützt Faschisten".

Regierung beschäftigt war, am 25. April 2008 dem Staatsakt zum Tag der Befreiung fern – wie immer seit seinem Einstieg in die Politik[21]. Lieber empfing er Senator Ciarrapico zu einer Unterredung[22].

3. Das Geschichtsbild des *Cavaliere*

In Berlusconis revisionistischem Geschichtsbild ist die Behauptung zentral, dass nicht der Nationalsozialismus, sondern der Kommunismus das „unmenschlichste Unternehmen der Geschichte" gewesen sei[23]. Historisch nicht sonderlich bewandert, vertritt er seit Jahrzehnten eine krude Variante der Totalitarismustheorie, die direkt aus der Asservatenkammer des Kalten Krieges entnommen scheint. Als „Antikommunist ohne Komplexe", wie er sich selbst einmal nannte, betrachtet er es als seine moralische Pflicht, die Erinnerung an die Gewaltverbrechen der kommunistischen Megatötungsregime wachzuhalten[24]. Am 27. Januar 2006, dem Gedenktag für die Opfer der Shoah, bezeichnete Berlusconi den Massenmord am europäischen Judentum zwar als „Wahnsinn", er fügte aber sogleich hinzu, neben dem Nazismus habe es einen kommunistischen Totalitarismus gegeben, der weit mehr Opfer auf dem Gewissen habe als Hitlers Deutschland[25]. Dadurch ließ er den Eindruck entstehen, dass der „Rassenmord" des NS-Regimes weniger schlimm gewesen sei als der kommunistische „Klassenmord".

---

[21] Vgl. La Repubblica vom 22.4.2009: „25 aprile, ci sarà anche Berlusconi". Mit dieser Tradition brach er erst 2009, als er den Nationalfeiertag in Onna beging, einem kurz zuvor von einem Erdbeben zerstörten Dorf in den Abruzzen, wo Soldaten der Wehrmacht am 11.6.1944 17 unschuldige Zivilisten massakriert hatten. Zuvor hatte ihn Verteidigungsminister Ignazio La Russa öffentlich zum Fernbleiben aufgefordert. Berlusconi begründete seinen Schritt damit, dass der 25. April nicht länger nur der Linken überlassen bleiben solle, die den Nationalfeiertag traditionell als „Parteifest" begehe.
[22] Vgl. John Hooper, Cries of „Duce! Duce!" salute Rome's new mayor; www.guardian.co.uk/world/2008/ apr/30/italy/print.
[23] La Repubblica vom 27.1.2006: „Nazismo una follia, ma il comunismo …"
[24] Silvio Berlusconi, Azzura, la nave della libertà. Da „Una storia italiana" (2000); www.forza-italia.it/silvioberlusconi/10_azzura.htm. Vgl. auch Silvio Berlusconi, L'anticomunismo è un dovere morale della memoria (Rimini, 24 agosto 2000), in: ders., La forza di un sogno. Introduzione di Sandro Bondi, Mailand 2004, S. 33–64, hier S. 38.
[25] La Repubblica vom 27.1.2006: „Nazismo una follia, ma il comunismo …"

In dieser Einschätzung fühlte er sich durch das „Schwarzbuch des Kommunismus" vollkommen bestätigt[26]. Für ihn gehört dieses Werk, dessen Vorwort eine neue Verbrechensbilanz für das 20. Jahrhundert zog und die Shoah vom „Sockel der negativen Singularität" zu stoßen versuchte[27], zu den wichtigsten Publikationen der Gegenwart überhaupt. In der Bibliothek jedes Italieners müsse es gleich neben der Bibel stehen. Dementsprechend begriff es Berlusconi als eine seiner Aufgaben, die im „Schwarzbuch des Kommunismus" dargelegten Fakten unter den Italienern bekannt zu machen, da das Land eines der letzten Residuen der extremen Linken sei. Der zu seinem Medienimperium gehörende Verlag Mondadori brachte das Werk in einer Großauflage heraus, das Berlusconi den Mitgliedern seiner eigenen Partei besonders ans Herz legte. Außerdem verschenkte er das „Schwarzbuch" an die 5000 Delegierten des AN-Parteitags von Verona, von denen er annahm, dass sie seine antikommunistische Gesinnung teilten. Allerdings kam das Geschenk bei seinen treuesten Verbündeten nicht besonders gut an. Es mache keinen Sinn, meinte Gianfranco Fini, die antikommunistische Karte gegen einen Feind auszuspielen, der gar nicht mehr existiere[28].

Dass er auf seinem antikommunistischen Kreuzzug gegen eine Fata Morgana kämpfte, focht Berlusconi jedoch nicht weiter an. Seit er sich in die politische Arena begeben hatte, hämmerte er seinen Landsleuten ein, dass die Gefahr einer kommunistischen Machtübernahme in Italien nicht gebannt sei. Die Lage präsentiere sich noch immer wie 1948, als sich bei den Parlamentswahlen vom 18. April eine linke Volksfront und das Freiheitslager gegenüber gestanden hätten[29]. Wenn die Linke in die Regierungsverantwortung zurückkehre, orakelte er im Januar 2005, sei das gleichbedeutend mit „Elend, Tod und Terror" – wie überall, wo der Kommunismus regiere oder regiert habe[30]. Das war reine Panikmache, die vollends von der Tatsache abstrahierte, dass Italien weder vor noch im Kalten Krieg eine

---

[26] Vgl. Stéphane Courtois u.a., Das Schwarzbuch des Kommunismus. Unterdrückung, Verbrechen und Terror, München/Zürich 1998.
[27] Die Zeit vom 21.11.1997: „Der Stoß kommt von links" (Heinrich August Winkler).
[28] Vgl. La Repubblica vom 2.3.1998: „L'autogol del Cavaliere".
[29] Vgl. Corriere della Sera vom 6.3.1998: „È l'autore del ‚Libro nero' da torto a Berlusconi".
[30] La Repubblica vom 17.1.2005: „Se vince la sinistra miseria, terrore e morte".

kommunistische Diktatur gekannt hatte. Lange Jahre zeigte sich Berlusconi geradezu besessen von der Vorstellung, dass es unter seinen Gegnern nur so von erklärten oder verkappten Kommunisten wimmle, ganz gleich, ob es sich um Politiker, Intellektuelle, Medienleute, Komiker oder „rote Richter" handelte. Hemmungslos verunglimpfte er selbst Christdemokraten wie seinen langjährigen Widersacher Romano Prodi als „kathokommunistische Leader", welche in ihrer grenzenlosen Naivität der extremen Linken in die Hände spielen würden[31]. Wer nicht für ihn ist, der kann gar nichts anderes sein als ein Kommunist oder ein *fellow traveller*.

Auf dem antikommunistischen Schlachtross sitzend, spaltet Berlusconi Italien in Gut und Böse und stellt der postfaschistischen Rechten einen Persilschein aus. Schließlich teile diese mit seiner eigenen Partei eine „antikommunistische Kultur" (Gianfranco Fini) und den Widerwillen gegen den antifaschistischen Gründungsmythos der Republik. Wie andere Politiker, Publizisten und Historiker rückte auch der *Cavaliere* den bewaffneten Kampf der *Resistenza* in die Nähe eines Versuchs der kommunistischen Machtergreifung. Das revolutionäre Modell, das die italienischen Kommunisten inspiriert habe, sei eine Vorstufe zu einer „bolschewistischen Revolution" nach sowjetischem Muster gewesen. Eine moderne demokratische Nation könne sich jedoch nur dann wirklich antitotalitär nennen, wenn sie sich antifaschistischen und antikommunistischen Werten gleichermaßen verpflichtet wisse, wurde Berlusconis Revisionismus publikumswirksam umschrieben[32].

Trotz seines antitotalitären Bekenntnisses sah Berlusconi in Mussolinis totalitärem Gesellschaftsexperiment keine ohne Wenn und Aber abzulehnende Diktatur. Von der „Washington Post" im Mai 1994 gefragt, was er von den apologetischen Äußerungen seines Juniorpartners Gianfranco Fini halte, meinte der Premier: „Für eine gewisse Zeit hat Mussolini in Italien Gutes getan – das ist eine durch die Geschichte belegte Tatsache."[33] Freilich sei das Resultat der faschistischen Diktatur letztlich negativ gewesen, weil sie Italien der Freiheit beraubt und das

---

[31] Corriere della Sera vom 13.3.2009: „Berlusconi: il leader pd è un cattocomunista".
[32] Vgl. Stefano Doroni, Quale storia per gli italiani? (2005); www.ragionpolitica.it/testo.3985.
[33] La Repubblica vom 28.5.1994: „Berlusconi: Non ho ministri fascisti"; zum Folgenden vgl. ebenda.

Land in den Zweiten Weltkrieg geführt habe. Die italienischen Revisionisten hörten das gern, gab Berlusconi doch damit zu verstehen, dass der Faschismus erst unter dem Einfluss des nationalsozialistischen Deutschland auf die schiefe Bahn geraten sei. Dieses weit verbreitete Vorurteil, das die Geschichtsforschung längst widerlegt hat, bediente er in seiner Regierungszeit wiederholt.

Im Spätsommer 2003 ging Italiens Premierminister noch einen Schritt weiter, als er die faschistische Diktatur sogar als „gutartig" bezeichnete und gegen alle historischen Fakten behauptete, der *Duce* und seine Schergen hätten nie gemordet und die Antifaschisten bloß in den Urlaub auf Inseln wie Ponza und Ventotene geschickt[34]. Als bei der Opposition und im Ausland daraufhin ein Sturm der Entrüstung losbrach, verteidigte sich Berlusconi mit dem Argument, er habe als italienischer „Patriot" lediglich Mussolini vor einem unangemessenen Vergleich mit dem Massenmörder Saddam Hussein in Schutz nehmen wollen[35]. Dass es sich dabei nicht um einen einmaligen Ausrutscher handelte, bewies der Herr der Peinlichkeiten im Dezember 2005 in einem Pressegespräch, als er zu Protokoll gab, dass der Faschismus nie „kriminell" gewesen sei: „Es gab die fürchterlichen Rassengesetze, weil man den Krieg zusammen mit Hitler gewinnen wollte. Der Faschismus in Italien besitzt einige Makel, aber nichts dem Nazismus oder Kommunismus Vergleichbares."[36]

Von einem Journalisten bei gleicher Gelegenheit auf Paolo Di Canio, den Kapitän des Fußballclubs Lazio Rom angesprochen, der die rechtsextremen Anhänger seines Vereins wenige Tage zuvor in einem Spiel gegen Juventus Turin zum dritten Mal innerhalb eines Jahres mit dem „römischen Gruß" entzückt hatte, stritt Berlusconi ab, dass dieser eindeutigen Geste irgendeine Bedeutung zukomme. „Di Canio ist ein guter Junge, kein Faschist". Er mache „das nur der Tifosi wegen, nicht aus Bosheit", sei also ein *bravo ragazzo* mit einem Hang zum Ex-

---

[34] Corriere della Sera vom 12.9.2003: „‚Mussolini non uccise': bufera su Berlusconi"; vgl. auch Tages-Anzeiger vom 12.9.2003: „Berlusconi wertet Mussolini auf"; Neue Zürcher Zeitung vom 12.9.2003: „Wirbel um eine Äußerung Berlusconis über Mussolini"; Neue Zürcher Zeitung vom 13./14.9.2003: „Berlusconi und die Opfer des Faschismus".
[35] Corriere della Sera vom 12.9.2003: „Mussolini non è Saddam, non ha ucciso nessuno".
[36] Corriere della Sera vom 21.12.2005: „Berlusconi: il fascismo? Non fu criminale"; zum Folgenden vgl. ebenda.

hibitionismus. Diese Äußerung des Premierministers war umso unverständlicher, als es sich bei Di Canio um einen notorischen Mussolini-Verehrer handelt, der das Bekenntnis „Dux" als Tätowierung auf seinem rechten Unterarm trägt[37]. In vielen anderen Demokratien Europas hätte Berlusconi wegen dieser skandalösen Aussagen zurücktreten müssen.

4. Auf dem Weg zu einer neuen Erinnerungskultur

Nach dem Kollaps der Ersten Republik begünstigte Berlusconi eine Faschismusapologie, die viel Schärfe in die Debatten um Geschichte und Erinnerung brachte. Bereits 1994 hielt es sein Rechtsbündnis für „inopportun", am 70. Todestag des von einem Killerkommando ermordeten Antifaschisten Giacomo Matteotti eine Gedenkfeier auszurichten, die 100 Abgeordnete der Opposition angeregt hatten[38]. Die Geringschätzung der antifaschistischen Kultur durchzieht Berlusconis Karriere wie ein roter Faden. Sie macht selbst vor der seit dem 1. Januar 1948 geltenden Verfassung nicht halt, die für ihn ein „sowjetisches Gepräge"[39] trägt. Auf dem Feld der Geschichtspolitik richtete Berlusconi nicht nur eine babylonische Sprachverwirrung an, er sorgte auch für eine Umwertung der Werte. In der Zweiten Republik müssen sich die Antifaschisten rechtfertigen, weil ihre Haltung im Ruch des Kommunismus steht – ganz anders als zu Zeiten der bipolaren Blockkonfrontation. Berlusconi ließ es zu, dass heute nicht nur Rechtsextremisten die angeblich positiven Seiten der faschistischen Diktatur und der Kollaboration mit Nazi-Deutschland hervorheben können. In Westeuropa schlug Italien mit seiner Teilrehabilitierung des Faschismus einen Sonderweg ein. Dies blieb nicht folgenlos für die politische Kultur. „Es tut mir weh", so der bittere Kommentar der Christdemokratin Tina Anselmi, die als junge Frau dem antifaschistischen Widerstand angehört hatte, „dass man heute in Italien wieder Faschist sein kann, ohne dass sich jemand daran stört"[40].

---

[37] Die Zeit vom 17. 2. 2005: „Tore für den Duce".
[38] Die Zeit vom 3. 6. 1994: „Nettes über den Duce" (Hansjakob Stehle).
[39] La Repubblica vom 13. 4. 2003: „Un' impronta sovietica nella nostra Costituzione".
[40] Die Zeit vom 23. 3. 2006: „Rechte Freunde" (Birgit Schönau).

Gian Enrico Rusconi
Berlusconismus ohne Ende?
Italien auf dem Weg zu einer Verfassungsreform

1. Berlusconi und seine Widersacher

Im Dezember 2009 hat sich einiges zugetragen, das uns die Möglichkeit eröffnet, das „Phänomen" Berlusconi und den Berlusconismus – verstanden als neuartige politische, soziale und kulturelle Formation – besser zu verstehen. Am 10. Dezember sprach Berlusconi auf dem Kongress der Europäischen Volkspartei (EVP) in Bonn. Er skizzierte dabei die institutionelle Ordnung des italienischen Staates und seine persönliche Einschätzung, wobei ihm vor allem daran gelegen war, das falsche und verzerrte Bild von Italien, seiner Regierung und seiner Person zu korrigieren, das in seinen Augen im Ausland herrscht. Außerdem stellte er die Grundlinien einer groß angelegten Verfassungsreform vor, deren Bedeutung freilich von den versammelten EVP-Politikern nicht erkannt wurde.

Einige Tage später wurde auf Berlusconi nach einer Veranstaltung auf dem Mailänder Domplatz ein Anschlag verübt, der glücklicherweise ohne ernste Folgen blieb. Das spektakuläre Attentat löste eine Welle der Empörung aus, die nicht nur die Anhänger Berlusconis erfasste und damit sein Ansehen weiter stärkte. In Italien verbreitete sich das Gefühl, dass der Anschlag auf den Regierungschef Ausdruck eines gefährlich gespannten politischen Klimas sei, das unbedingt beruhigt werden müsse.

24 Stunden nach den Vorfällen von Mailand verabschiedete die Mitte-Rechts-Koalition den Haushalt für 2010, wobei sie diese Entscheidung mit der Vertrauensfrage verband und so jede Sachdiskussion unmöglich machte. Ein Vertreter der größten Regierungspartei zieh dabei die Opposition, „eine Hasskampagne" zu schüren, deren „Ziel es ist, das rechtmäßige Ergebnis der Wahlen" von 2008 „außer Kraft zu setzen". Berlusconi denkt genauso; er betrachtet sich als Opfer einer bösartigen Verleumdung und eines von der Justiz flankierten politisch-institutionellen Komplexes, der ihn auf jede nur denkbare (auch unrechtmäßige) Weise in seiner Freiheit beeinträchtige. Die Opposition wies diese Behauptung nicht nur zurück, sie ging ihrerseits zum

Angriff über und beschuldigte den *Cavaliere* und seine Mehrheit, die Regeln der Demokratie aushebeln zu wollen. Selten zuvor wurde der Meinungsstreit mit schärferen Waffen ausgetragen. Dessen ungeachtet, ja im krassen Gegensatz dazu, gab es schon bald danach Anlass zur Hoffnung, dass sich die Feindschaft zwischen Regierung und Opposition legen und einem gedeihlichen Klima weichen könne, ohne dass dies freilich bereits Konkretion gewonnen hätte.

2. Berlusconis Pläne für eine Verfassungsreform

Wie erklärt sich die Ambivalenz der Situation? Beginnen wir mit Berlusconis Rede in Bonn, mit der der italienische Regierungschef nicht nur seine Politik verteidigt, sondern einen schweren Angriff auf das politisch-institutionelle System gestartet hat. „Die Souveränität des Volkes", so Berlusconi, „liegt nicht mehr beim Parlament, sondern bei der Partei der Richter". Diese schwerwiegende Behauptung hat Staatspräsident Giorgio Napolitano dazu veranlasst, öffentlich sein „tiefes Bedauern und seine tiefe Besorgnis" über eine „heftige Attacke" auf eine staatstragende, in der Verfassung verankerte Einrichtung zu bekunden. Napolitano bezog sich dabei vor allem auf die Vorwürfe gegen den Verfassungsgerichtshof, der sich in den Augen Berlusconis fundamental gewandelt hat: Aus einem unabhängigen Organ zum Schutz des Staates sei ein politisches Organ geworden. Der *Cavaliere* zeichnete damit ein düsteres Bild der italienischen Justiz, in der eine Clique linker Richter den Ton angebe, die in schöner Regelmäßigkeit den Verfassungsgerichtshof anrufe, wenn das Parlament Gesetze verabschiede, die ihr nicht genehm seien.

Berlusconi meinte hier vor allem das Veto des obersten Gerichts gegen eine gesetzliche Regelung, die von der Regierungskoalition beschlossen worden war, um den Ministerpräsidenten vor den gegen ihn anhängigen Gerichtsverfahren zu bewahren, damit er sich mit ganzer Kraft den Regierungsgeschäften widmen könne. Indem er dieses Gesetz für verfassungswidrig erklärte, habe der Verfassungsgerichtshof die Souveränität des Volkes beschädigt. Das oberste Gericht handle so, behauptete Berlusconi, „weil elf seiner zwölf Richter der Linken angehören. Fünf sind links, weil sie vom Staatspräsidenten ernannt worden sind, und wir haben leider drei linke Staatspräsidenten nacheinander gehabt." Dennoch, so der *Cavaliere* weiter,

„bin ich immer freigesprochen worden. Es bekennt sich nämlich nur ein Teil der Richter zur Linken, während die

Richter im zweiten und dritten Glied, wie in anderen Ländern, wahre Richter sind. Das ist die Situation, die man kennen muss, denn die ausländischen Zeitungen stellen die Lage in Italien ganz anders dar."

Der italienische Regierungschef hat in Bonn also die höchsten Instanzen des Staates angegriffen – öffentlich und vor den Augen zahlreicher Abgeordneter aus ganz Europa. Berlusconi ging es dabei nicht nur darum, seinen Interessenkonflikt ein für allemal der politischen und öffentlichen Debatte zu entziehen oder sein umstrittenes Monopol im Privatfernsehen und seine privaten Affären vergessen zu machen. Ihm lag auch nicht nur daran, die alte Konfrontation mit der als kommunistisch diffamierten Linken fortzusetzen. Es ging ihm um mehr, nämlich um eine Veränderung der demokratischen Spielregeln mit dem Ziel, ein Präsidialsystem zu schaffen. Er zielte, mit anderen Worten, auf eine Revision der Verfassung.

Allerdings haben bisher weder die Regierung noch die Regierungsparteien ein umfassendes Reformprogramm vorgelegt, das – nach den Vorgaben der Verfassung – mit Zwei-Drittel-Mehrheit verabschiedet werden müsste. Die diesbezüglichen Aktivitäten beschränken sich lediglich auf einige Initiativen, die sich auf die innere Organisation des Justizwesens (Trennung der Karrieren von Staatsanwälten und Richtern) und auf die Zusammensetzung der großen Justizorgane wie des *Consiglio superiore della magistratura* – des Obersten Rats der Justiz – und des Verfassungsgerichtshofs beziehen.

3. Berlusconi und das informelle Präsidialsystem

Parallel dazu beabsichtigen Regierung und Regierungsparteien, die Gewichte im politischen System zu verlagern, und zwar hin zur Exekutive, die von einem „Premier" dominiert wird, der vom Volk gewählt und deshalb der exklusive Hüter der Volkssouveränität ist, während das Parlament nur noch eine Funktion haben soll: die Regierung zu unterstützen. Weil dies leichter gesagt als getan ist, versucht man, sich dem großen Ziel mit kleinen Schritten in der praktischen Regierungsarbeit zu nähern. Aus diesem Grund ist es auch nicht übertrieben, von einem informellen Präsidialsystem zu sprechen, das von den Mehrheitsverhältnissen im Parlament begünstigt wird. Zurzeit erschöpft sich der wirkliche oder angebliche Dezisionismus Berlusconis freilich in einer Flut von Verordnungen und in der Suche nach Schlupflöchern im bestehenden Verfassungsgefüge, um Reformvorhaben wie die Stärkung der Regionen voranzutreiben, die der Mitte-Rechts-Mehrheit teuer sind.

Diese Entwicklung bestätigt die These von der schleichenden „Mutation der italienischen Demokratie"; sie muss allerdings weiter präzisiert und problematisiert werden. Spezifische Fragen dieser Art beziehen sich auf die Konsistenz des Konsens, der Berlusconi trägt, auf das Wesen des Populismus, der charakteristisch für ihn ist, auf die Herausbildung einer neuen politischen Klasse, auf die Wandlungsprozesse des Parteiensystems sowie auf die Verfasstheit und Robustheit der Zivilgesellschaft angesichts der Herausforderung der Politik.

Unbestreitbar ist mittlerweile, dass Berlusconi mehr als eine zufällige oder exzentrische Episode ist, wie es noch vor kurzer Zeit den Anschein haben konnte – eine Episode, die von der europäischen Presse mit amüsierter Skepsis und einer gehörigen Portion Gedankenlosigkeit auf eine nicht näher bestimmte mentale Disposition der Italiener zurückgeführt wurde. Berlusconi ist Realität und muss ernst genommen werden. Verabschieden sollte man sich auch von dem allzu simplen Bild von Berlusconi als „Medienverführer", der seine Macht seinem immensen Reichtum und seinem privaten Fernsehimperium verdankt, das er einsetzt, um die italienische Gesellschaft zu täuschen und einzulullen. In die Irre führt schließlich, wenn man den Berlusconismus als Variante des Mussolinismus/Faschismus präsentiert oder ihn in die Nähe antidemokratischer Strömungen rückt. Der Berlusconismus gehört in das Spektrum demokratischer Politik und muss in seiner Besonderheit studiert werden.

4. Berlusconismus als demokratischer Populismus

Unter Berlusconismus versteht man im Allgemeinen mehr als die herausragende Position Silvio Berlusconis, der eine politische Bewegung im Leben gerufen hat und unangefochten führt, die sich mittlerweile nicht mehr *Forza Italia* sondern *Popolo della Libertà* (PdL) nennt, in der auch die alte *Alleanza Nazionale* aufgegangen ist. Berlusconismus – das ist der organisatorische Ausdruck einer jüngst entstandenen Mitte-Rechts-Kultur, die von neuen Berufspolitikern und Veteranen des alten Parteiensystem (Ex-Christdemokraten, Ex-Sozialisten, Ex-Postfaschisten) getragen wird. Der PdL ist keine Partei im eigentlichen Sinn des Wortes. Er erscheint als eine Agglomeration von Wählern und Funktionären, die außer der Fixierung auf den Parteichef wenig gemeinsam hat. Bei Wahlen erzielte der

PdL 35 bis 37 Prozent der Stimmen, was etwa dem entspricht, was seine Vorläufer *Forza Italia* und *Alleanza Nazionale* an Wählerzuspruch zu mobilisieren vermochten.

Die Führungsmannschaft des PdL denkt schon jetzt an die Zeit nach Berlusconi, kann aber auf den *Cavaliere* noch nicht verzichten. Sie ist fest entschlossen, das Erbe von Berlusconi zu bewahren, statt es zu teilen. Sie schart sich um Berlusconi, leugnet die Existenz seines – in der europäischen Öffentlichkeit skandalisierten – Interessenkonflikts und verteidigt ihn mit Zähnen und Klauen gegen „die Verfolgung durch linke Richter". Ohne die bedingungslose Unterstützung durch seine Partei und die *Lega Nord* hätte Berlusconi die schwere Imagekrise vom Sommer 2009 nicht überstanden, auch könnte er nicht mit so viel Selbstvertrauen auftreten. Die Geschlossenheit der eigenen Reihen resultiert vor allem aus der Tatsache, dass Berlusconi einen Elitewechsel bewirkt hat – und zwar nicht nur in der politischen Klasse, sondern in der ganzen Gesellschaft – und dass diejenigen, die davon profitiert haben und in leitende Positionen aufgestiegen sind, ihm die Stange halten.

Schwieriger ist es, Berlusconis Wähler zu charakterisieren. Sie rekrutieren sich aus der gesamten Gesellschaft, nicht nur aus der Mittelschicht, die traditionell rechten oder gemäßigten Parteien zuneigt, und nicht nur aus den Selbstständigen. Berlusconi wird auch von Arbeitern und anderen kleinen Leuten gewählt. Oder anders gesagt: Der PdL stützt sich nicht nur auf die Wohlhabenden, die ihre Privilegien und ihren sozialen Status verteidigen, sondern auch auf diejenigen, die sich – welcher Schicht sie auch angehören mögen – wirtschaftlich und sozial benachteiligt und gefährdet fühlen. Sie setzen auf Berlusconi und glauben ihm, wenn er verspricht, den Status quo zu verändern, die zahllosen legalen Fesseln zu sprengen, die den Schwung der Tüchtigen hemmen, das Steuersystem und die Justiz zu entbürokratisieren und die Kompetenzen der Regionen und Kommunen zu stärken. Parallel dazu verlieren zunehmend mehr Menschen die Hoffnung, dass sich ihre Lage verbessern würde, wenn eine wie auch immer definierte Linke an die Macht käme. Vor diesem Hintergrund ist der Berlusconismus tatsächlich die Antithese zu allem, was die Linke an Attraktion zu entfalten vermag.

Wie aber lässt sich das Spezifische des Berlusconismus beschreiben? Am besten eignet sich dafür der Begriff des demokratischen Populismus, der mitnichten originell ist und im Übrigen auch – mit Blick auf den gängigen Gebrauch – differenziert werden muss. Das beginnt schon bei der Definition von Volk, das im Verständnis von Berlusconi mit dem Wählervolk gleichgesetzt wird, letztlich aber nur die Mehrheit der Wähler umfasst, die den Volkssouverän verkörpert, der auch die Verfassung beliebig verändern kann. Wahlen sind so nicht einfach nur Wahlen. Sie werden medial als Plebiszite inszeniert, stehen ganz im Zeichen zugespitzter Personalisierung und gewinnen im Grunde verfassunggebende Bedeutung. Hinter den Wahlversprechen, etwas zu „verändern" und zu „erneuern", steckt also nichts anderes als die Absicht, die Verfassung umzudeuten und sie nicht mehr als Referenzpunkt der konkurrierenden politischen Kräfte zu begreifen. Demokratisch sind am demokratischen Populismus nur noch die Wahlen, deren Ergebnisse alles zu legitimieren scheinen, auch eine entgrenzte Selbstbedienungsmentalität, die es dem Gewinner erlaubt, sich das zu nehmen, was er will.

Das zweite Charakteristikum des demokratischen Populismus besteht in der direkten Beziehung von Wählerschaft und *Leader*, dem charismatische Eigenschaften zugeschrieben werden. Das Parlament verliert demgegenüber an Bedeutung, auch wenn seine traditionelle Rolle als Ort der Diskussion und Gesetzgebung offiziell nie bestritten wird. Viele Abgeordnete des PdL verhalten sich aber jetzt schon wie Vertreter des *Leaders*, auf den sie sich im Übrigen auch in ihrer Wahlwerbung explizit berufen.

Berlusconis Wahlvolk ist äußerst heterogen und bildet sich nicht entlang der traditionellen Spannungslinien in der italienischen Gesellschaft. Dabei hat die soziale Schichtung ihren Klassencharakter nicht verloren, sie ist nur sehr viel komplexer geworden. Das liegt an den Unterschieden bei Einkommen und Arbeitsverhältnissen, an der Diversifizierung der Lebens- und Konsumstile sowie an der Vielfalt der Selbstbilder. Es ist aufschlussreich, dass Berlusconi nie von sozialen Schichten und Klassen, sondern immer von „vom Glück begünstigten oder vom Pech verfolgten Bürgern", von „Privilegierten und Benachteiligten" spricht und dass die unteren Schichten in seinen Augen aus denen bestehen, die „zurückgeblieben" sind. Soziale Homogenität stellt sich nur in der Unmittelbarkeit der Beziehung zwischen *Leader* und Wahlvolk her, erweist sich aber bei näherer Betrachtung als reine Erfindung.

Wie das amerikanische und französische Beispiel zeigt, gibt es auch im dortigen Präsidialsystem eine unmittelbare Beziehung zwischen Wahlvolk und Präsident, die populistische Züge gewinnen kann. Der Unterschied ist nur, dass es in Italien kein Präsidialsystem gibt und dass sich Berlusconi die Präsidentenrolle trotzdem anmaßt. Man kann deshalb in Berlusconis Regierungsstil auch eine Art informelles Präsidialsystem sehen, das auf leisen Sohlen daherkommt, aber dennoch eine Bedrohung der Verfassung darstellt – auch wenn Berlusconi sich auf das Wahlvolk beruft.

In diesem Sinne führt es nicht wesentlich weiter, mit Blick auf Berlusconi von Medien- oder Fernsehpopulismus zu sprechen. Abwegig ist auch die Behauptung, in Italien gebe es eine Art Mediendiktatur, hier sei die Meinungsfreiheit in Gefahr. Gewiss, das öffentlich-rechtliche Fernsehen wird von der Regierung Berlusconi in einer Weise beobachtet und überwacht, dass die objektive Berichterstattung darunter leidet. Ähnliches geschieht aber auch anderswo. In Italien gibt es nach wie vor kritische Fernsehprogramme, die auch ihr Publikum finden, ganz zu schweigen von den großen Tageszeitungen, die nicht zögern, die Regierung aufs Korn zu nehmen. Allerdings nutzen viele Redakteure diese Spielräume nicht mehr. Die Zahl derer wächst, die eine Schere im Kopf haben. Ton und Stil vieler Kommentatoren, die sich mit Berlusconi befassen, haben sich grundlegend geändert.

5. Berlusconi und die Justiz

In ganz ähnlicher Weise hat Berlusconi mit Blick auf die Justiz Punkte gemacht. Er hat so etwas wie den nationalen Notstand erklärt und dabei seine Erfahrungen mit der Justiz generalisiert: Ineffizienz der Gerichte, die viel zu langsam arbeiten, Einsatz fragwürdiger Methoden, wobei insbesondere das ausufernde Abhören von Telefonaten vor amtlichen Ermittlungen gemeint ist, und vor allem die Politisierung der Richter. Auch unabhängige Beobachter und selbst politische Gegner Berlusconis räumen mittlerweile ein, dass bei der italienischen Justiz vieles im Argen liegt. Die Einsicht, dass hier etwas geschehen muss, wächst, ohne dass dies freilich bereits zu konkreten, von allen Parteien akzeptierten Reformprojekten geführt hätte. Denn die Parteien misstrauen einander, und jede Seite unterstellt der anderen, die Justiz für ihre Zwecke missbrauchen zu wollen.

Eine der fixen Ideen von Berlusconi und seinen Mitstreitern bezieht sich auf die Staatsanwälte, die nach ihrem Dafürhalten die Gerichtsverfahren dominieren. Der Regierungschef will ihre Rechte beschneiden und die Staatsanwälte in „Anwälte der

Anklage" verwandeln, die ähnliche Rechte und Pflichten haben sollen wie die Verteidiger, deren Kompetenzen gestärkt werden sollen. So seien eine Art Waffengleichheit zwischen den streitenden Parteien und gerechte Urteile sicherzustellen, während das jetzige System den Kläger begünstige und zu schwerem Missbrauch führe, wie jeder sehen könne. Die neuen „Anwälte der Anklage" sollten einen eigenen Berufsstand bilden, mit eigenen Zugangsregeln, eigenen Karrierewegen und mit einem eigenen *Consiglio superiore*.

Die Kritiker dieses Vorschlags stammen aus der linksliberalen Richterschaft. Sie fürchten, dass ein separater Berufsstand der neuen Staatsanwälte zu einer unzugänglichen, jeder Kontrolle enthobenen Kaste mit eigenen politischen Zielen degenerieren oder, noch schlimmer, zu einem willfährigen Organ der Regierung mutieren könne. Dass dies ernste Gefahren für die Demokratie heraufbeschwören müsse, liegt für Berlusconis Kritiker auf der Hand, die außerdem meinen, die Stärkung der Verteidiger, die künftig auch zu eigenen Ermittlungen befugt sein sollen, würde die gesamte Rechtsprechung umstürzen und erschweren. Und schließlich missfällt ihnen auch das Vorhaben, der Polizei die Möglichkeit einzuräumen, ohne richterlichen Beschluss Ermittlungen aufzunehmen. Letztlich sehen Berlusconis Widersacher in seinen Plänen zur Justizreform nichts anderes als den Versuch, die Staatsanwaltschaften zu schwächen, die in ihren Augen gerade in den letzten Jahren hervorragende Arbeit geleistet und dabei auch die Regierung in die legitimen Schranken gewiesen hätten. Berlusconi und sein Gefolge teilen diese Ansicht nicht. Ihrer Meinung nach haben die Staatsanwälte nur Schaden angerichtet, und zwar vor allem deshalb, weil sie die Justiz politisiert und die wirtschaftlichen Leistungsträger des Landes durch zweifelhafte Verfahren eingeschüchtert hätten. Ein Kompromiss ist nicht in Sicht: Alle Vorschläge zur Steigerung der Effizienz und zur Gewährleistung ausgewogener Urteile werden fast ausschließlich unter parteipolitischen Gesichtspunkten betrachtet. Sachargumente haben dagegen keine Chance.

6. Schlußbetrachtung

Die „Mutation der Demokratie", die in Italien zu beobachten ist, resultiert nicht nur aus den Plänen einer Person oder einer Partei. Der Berlusconismus ist ein Symptom der Krise des Parteiensystem nach dem Zusammenbruch der sogenannten Ersten

Republik und die Antwort auf diese Krise, wobei man sich hüten sollte, eine fundamentale Krise der Demokratie daraus zu machen. Gleiches gilt für den demokratischen Populismus mit seinen plebiszitären, medial verstärkten Begleiterscheinungen. Auch er ist eine Antwort und ein Ersatz für die Defizite der repräsentativen Demokratie und der Entscheidungsschwächen der Regierung, die daraus resultieren.

Über diesbezügliche Reformen wird seit Jahren erfolglos diskutiert, weil sich nicht nur die oppositionelle Linke sondern auch die kleinen gemäßigten Parteien der Mitte solchen Plänen widersetzen. Dabei ist klar, dass das Projekt, die Regierung mit größeren Kompetenzen auszustatten, immer größere Zustimmung findet. Berlusconis Erfolg hat auch mit solchen Erwartungen zu tun; viele setzen darauf, dass seine Regierung klare und rasche Entscheidungen trifft und sich anders verhält als frühere Regierungen (die von Romano Prodi inbegriffen), die als Gefangene divergierender Interessen und Parteiegoismen wie gelähmt waren. Unnötig zu sagen, dass hier auch der Trend zum informellen Präsidialsystem seinen Ursprung hat.

Kann man deshalb aber schon von Postdemokratie sprechen, wie manche es tun? Solche Schlagworte sollte man schon deshalb vermeiden, weil man in Italien bereits seit Jahrzehnten die Krise der Demokratie beschwört: „Blockierte Demokratie", „Demokratie ohne Wechseloption" oder, um einen Begriff von Norberto Bobbio zu zitieren, „Akklamationsdemokratie". Was hat man sich nicht alles einfallen lassen! Vor nicht allzu langer Zeit war überall die Klage zu hören, die Parteien würden den Bürgern jede demokratische Partizipationsmöglichkeit rauben. Jetzt heißt es hingegen, die früheren Defizite seien nichts im Vergleich mit den heutigen. Man staunt und fragt sich: Handelt es sich um eine irreversible Akkumulation von alten Strukturfehlern, die nicht rechtzeitig behoben wurden, oder um etwas qualitativ Neues, um eine Art Quantensprung, der aus neuen Entwicklungen resultiert, die in allen fortgeschrittenen Gesellschaften zu beobachten sind und in der Regel wie eine Litanei heruntergebetet werden: Globalisierung, Post- und Deindustrialisierung, Niedergang der Arbeiterbewegung, Prekarisierung der Arbeit, Omnipräsenz der Medien, Ethnonationalismus und Populismus und so weiter und so fort.

Aber warum haben die globalen Entwicklungen nur in Italien einen Berlusconi hervorgebracht? Waren Berlusconis Medienmonopol und die Vermischung privater und öffentlicher Interessen der Grund oder das Resultat der Implosion des alten

Parteiensystems, die ganz andere und viel schwerwiegendere Ursachen hatte? Auf der Suche nach Antworten auf diese Fragen gilt es vor allem, zweierlei im Auge zu behalten: zunächst die Renaissance und Attraktivität des Begriffs Volk im Sinn von Wählervolk, das einen *Leader* wählt und damit an die Stelle der Nation oder einer Ethnie tritt. Die Wählerdemokratie wird in diesem Sinne zur Demokratie an sich. Je mehr sich in modernen ausdifferenzierten Gesellschaften die traditionellen Klassengrenzen verwischen, desto leichter lässt sich pauschal vom Volk sprechen, das seine Interessen am besten dadurch wahre, dass es sich seinem *Leader* anvertraue. Hinzu kommt, dass das „Volk, das die Wahlen gewinnt", in den Augen des *Leaders* jederzeit in der Lage ist, die Verfassung zu modifizieren. Das so definierte Volk tritt also an die Stelle des souveränen Staatsvolks (demos) als Fundament der Demokratie. Trifft das alles zu, erübrigt sich die Diskussion über die These von der Postdemokratie. Italien erlebt vielmehr eine Mutation des Konzepts des Staatsvolks in seinem ursprünglichen Sinn.

Nicht weniger wichtig ist – zweitens – die Überlegung, die sich auf den Begriff Zivilgesellschaft bezieht, der häufig bemüht wird, um die Anomalie Italiens und das Phänomen Berlusconi zu beschreiben. Viele Beobachter sprechen dabei von einer Kluft zwischen dem politischen System, das ineffizient und fehlerhaft sei, und der Zivilgesellschaft, die sich als vital und reich an Ressourcen erweise. Vor allem viele Linke berufen sich auf die Zivilgesellschaft als wirkungsvolles Gegengewicht zum politischen System, das seinen Ausdruck heute im Berlusconismus finde.

Ob das so ist, darf freilich bezweifelt werden. Viele soziale und politische Fehlentwicklungen kommen nicht von außen, sondern aus der Mitte der Gesellschaft; man denke nur an die Komplizenschaft mancher Milieus mit Mafia und *Camorra*, an die weit verbreitete Absenz von Bürger- und Staatssinn, an antisolidarisches Verhalten und latenten Rassismus – alles Gründe um die künstliche Scheidung von Zivilgesellschaft und politischem System aufzugeben.

Richtig ist nämlich das Gegenteil. Der Berlusconismus ist selbst Ausdruck der Zivilgesellschaft. Oder anders gewendet: Der Berlusconismus antwortet auf die Zerklüftung und Desorientierung der Gesellschaft mit der Bildung einer neuen soziokulturellen Formation, die sich anschickt, das politische System zu dominieren. Der politischen Linken, die das bestreitet, muss in Erinnerung gerufen werden, dass sie selbst jahrelang fast gebetsmühlenartig forderte, die italienische Zivilgesellschaft brauche eine „Politik nahe bei den Menschen" und politische Führer, die nicht Gefangene von Machtspielen, sondern fähig seien, große Entscheidungen zu treffen, das politische System zu reformieren und den innerparteilichen Streit beizulegen. Berlusconi ist angetreten, um diese Forderungen zu erfüllen – und er macht Ernst damit. Seine Antworten mögen falsch sein, aber man steht auf verlorenem Posten gegen ihn, wenn man sich auf eine idealisierte Zivilgesellschaft beruft, die es nicht gibt.

Aus dem Italienischen übersetzt von Thomas Schlemmer und Hans Woller.

Abkürzungen

AGIP	Azienda Generale Italiana di Petrolio
AN	Alleanza Nazionale
BIP	Bruttoinlandsprodukt
CGIL	Confederazione generale italiana del lavoro
CIG(S)	Cassa Integrazione Guadagni (Straordinaria)
CISL	Confederazione italiana sindacati lavoratori
DC	Democrazia Cristiana
DIA	Direzione investigativa antimafia
ENEL	Ente Nazionale per l'Energia Elettrica
ENI	Ente Nazionale Idrocarburi
EPL	Employment Protection Legislation
EU	Europäische Union
EUR	Esposizione Universale di Roma
EVP	Europäische Volkspartei
FIAT	Fabbrica Italiana Automobili Torino
IDO	Indennità di disoccupazione ordinaria
ISPO	Istituto per gli sudi sulla pubblica opinione
LUISS	Libera Università Internazionale degli Studi Sociali
MSI	Movimento Sociale Italiano
OECD	Organization for Economic Co-operation and Development
o.J.	ohne Jahr
o.O.	ohne Ort
PCI	Partito Comunista Italiano
PD	Partito Democratico
PdL	Popolo della Libertà
PISA	Programme for International Student Assessment
PSI	Partito Socialista Italiano
QFIAB	Quellen und Forschungen aus italienischen Archiven und Bibliotheken
RAI	Radio Audizioni Italia
UdSSR	Union der Sozialistischen Sowjetrepubliken
UIL	Unione italiana del lavoro
US(A)	United States (of America)

Autorinnen und Autoren

Andrea Di Michele (1968), Dr. phil., Historiker und Archivar am Südtiroler Landesarchiv Bozen.

Gregor Hoppe (1962), Journalist, seit 2005 ARD-Hörfunkkorrespondent in Rom.

Henning Klüver (1949), Journalist, seit 1995 Kulturkorrespondent der „Süddeutschen Zeitung" in Italien.

Aram Mattioli (1961), Dr. phil., Professor für Geschichte der Neuesten Zeit an der Universität Luzern.

Amedeo Osti Guerrazzi (1967), Dr. phil., wissenschaftlicher Mitarbeiter am Deutschen Historischen Institut in Rom.

Paolo Pombeni (1948), Professor für die vergleichende Geschichte der politischen Systeme Europas an der Universität Bologna.

Gian Enrico Rusconi (1938), Professor für politische Wissenschaft an der Universität Turin und von 2005 bis 2010 Direktor des Italienisch-Deutschen Historischen Instituts (Fondazione Bruno Kessler) in Trient.

Chiara Saraceno (1941), bis 2008 Professorin für Familiensoziologie an der Universität Turin, seit 2006 Forschungsprofessorin am Wissenschaftszentrum Berlin für Sozialforschung.

Thomas Schlemmer (1967), Dr. phil., wissenschaftlicher Mitarbeiter am Institut für Zeitgeschichte München – Berlin und Privatdozent am Historischen Seminar der Ludwig-Maximilians-Universität München.

Ugo Trivellato (1942), Professor für Wirtschaftsstatistik an der Universität Padua und seit 2009 Forschungsdirektor am Istituto per la Ricerca Valutativa sulle Politiche Pubbliche in Trient.

Hans Woller (1952), Dr. phil., wissenschaftlicher Mitarbeiter am Institut für Zeitgeschichte München – Berlin und Chefredakteur der Vierteljahrshefte für Zeitgeschichte.

www.ingramcontent.com/pod-product-compliance
Lightning Source LLC
Chambersburg PA
CBHW061942220426
43662CB00012B/1992